Љубов:

Исполнување На Законот

Љубов:
Исполнување На Законот

Др. Џерок Ли

Љубов: Исполнување На Законот од Др. Церок Ли
Објавено од страна на Урим Книги (Претставник: Johnny H. kim)
73, Yeouidaebang-ro 22-gil, Dongjak-gu, Seoul, Korea
www.urimbooks.com

Ако не е наведено поинаку, сите цитати од Светото Писмо се земени од Светата Библија, НОВА АМЕРИКАНСКА СТАНДАРДНА БИБЛИЈА, ®, Авторско право © 1960, 1962, 1963, 1968, 1971, 1972, 1973, 1975, 1977, 1995 од страна на Локман Фондацијата. Употребени со дозвола.

Првпат објавено во август 2021

Претходно објавено на Кореански во 2009 од страна на Урим Книги во Сеул, Кореја

Уредено од страна на Др. Геумсун Вин
Дизајнирано од страна на Уредувачкото Биро на Урим Книги
Отпечатено од страна на Јевон Компанија за Печатење
За повеќе информации ве молиме контактирајте ги:
urimbook@hotmail.com

„Љубовта не му прави зло на ближниот;
затоа љубовта е исполнување на законот. "

Римјани 13:10

Предговор

Надевајќи се дека читателите ќе го поседуваат Новиот Ерусалим низ духовната љубов.

Една рекламна компанија од ОК има дадено еден квиз за јавноста, прашувајќи ги луѓето за тоа кој е најбрзиот начин да се патува од Единбург, Шкотска до Лондон, Англија. Тие ветиле голема парична награда за личноста чиј што одговор би бил избран како најдобар. Одговорот којшто всушност бил избран гласел вака ʼпатувањето заедно со некоја сакана личностʼ. Така што можеме да разбереме дека ако патуваме во друштво на некоја сакана личност, дури и долгите релации ни изгледаат како да се кратки. На истиот начин, ако го сакаме Бога, тогаш нема да ни биде тешко да го спроведуваме во практика Неговото Слово (1 Јован 5:3). Бог не ни го дал Законот и не ни кажал да ги запазиме Неговите заповеди само заради тоа да ни создаде потешкотии во животот.

Зборот ʼЗаконʼ доаѓа од Еврејскиот збор ʼТораʼ, којшто го има значењето ʼстатутиʼ, и ʼлекцијаʼ. Тората обично се однесува на Петокнижието коешто во себе ги вклучува и Десетте Заповеди. Но „Законот" исто така се однесува и на 66-те книги од Библијата во целина, или само на статутите на Бога коишто ни кажуваат што да правиме, да не правиме, да зачуваме или пак да отфрлиме. Луѓето можеби ќе помислат дека Законот и љубовта не се во корелација еден со друг, но тие не можат да бидат одделени еден од друг. Љубовта му припаѓа на Бога и без да го сакаме Бога, нема да бидеме во можност да го зачуваме Законот во целост. Законот може да биде исполнет само преку практикувањето со љубов.

Постои една приказна којашто ни покажува колку е силна моќта на љубовта. Еден млад човек доживел авионска несреќа, паѓајки со еден мал авион кога прелетувал преку една пустина. Неговиот татко бил навистина многу богат човек и затоа ангажирал голем тим на трагачи и на спасувачи коишто го пребарувале теренот за да го пронајдат неговиот син, но сите нивни напори биле залудни. Тој исфрлил милиони летоци по пустината. На летоците пишувало ’Сине, те сакам.‘ Неговиот син, кој што талкал по пустината, нашол еден од тие летоци и се здобил со храброст и сила коишто биле пресудни да може да помине низ сите проблеми и еден ден да биде најден. Татковата вистинска љубов го спасила неговиот син. Исто како што тој татко ги расфрлал летоците по целата пустина, исто така и ние ја имаме должноста да ја шириме љубовта на Бога до безброј многу души.

Бог ја докажал Својата љубов со тоа што го испратил Својот еден и единороден Син Исус на оваа земја, за да го спаси човештвото кое што било грешно. Но оние кои што се држеле до Законот во времето на Исуса, единствено се фокусирале на формалностите содржани во Законот и не успеале да ја разберат вистинската љубов на Бога. На крајот, тие дури и го осудиле единородниот Син Божји Исус, претставувајќи го како богохулник кој што го укинува Законот, за на крајот и да го распнат. Тие не можеле да ја сватат љубовта на Бога, којашто била вплотена во самиот Закон.

Во 1 Коринтјани, глава 13, многу јасно ни се опишува примерот за 'духовната љубов'. Таму се кажува за љубовта на Бога кој што го испратил Својот еден и единороден Син за да го спаси човештвото коешто требало да умре поради своите гревови, и ни е опишана љубовта на Господа кој што толку многу не сакал, сé до степенот да бил спремен да ја заборави сета Своја небесна слава и да умре за нас на крстот. Ако сакаме да им ја предадеме оваа љубов Божја на безброј умирачки души во светот, тогаш ние мораме да ја сватиме оваа духовна љубов и да ја практикуваме.

„Нова заповед ви давам, да се љубите еден со друг, како што Јас ве имам возљубено, така и вие да се сакате еден со друг. По тоа ќе ве препознаат сите дека сте Мои ученици, ако ја имате љубовта еден за друг“ (Јован 13:34-35).

Оваа книга беше објавена за преку неа читателите да можат да се преиспитаат и да дознаат до кој степен ја имаат искултивирано духовната љубов и до кој степен се имаат изменето себеси со вистината. Му ја оддавам благодарноста на Геумсун Вин, директорот на уредувачкото биро и на неговиот персонал, со надеж дека сите читатели ќе го исполнат Законот преку љубовта, за на крајот да можат да го поседуваат Новиот Ерусалим, најубавото од сите небесни живелишта.

Церок Ли

Се надевам дека низ Божјата вистина читателите ќе се изменат, преку култивирањето на совршената љубов.

Еден ТВ канал извршил испитување на мнението кај омажените жени. Прашањето било дали повторно би сакале да се омажат за својот маж ако би имале можност одново да избираат. Резултатите биле шокирачки. Само 4% од жените сакале да го изберат својот сегашен маж за сопруг. Тие сигурно се омажиле за своите мажи поради тоа што ги сакале, па зошто тогаш тие така би го промениле своето мислење? Тоа е затоа што не ги сакале со духовна љубов. Ова дело Љубов: Исполнување На Законот ќе не поучи нешто во врска со оваа духовна љубов.

Делот 1, „Значењето На Љубовта", се однесува на разните форми на љубовта којашто може да биде помеѓу мажот и жената, родителите и децата и помеѓу пријателите и соседите, давајќи ни со тоа една идеја за различитоста помеѓу телесната љубов и духовната љубов. Духовната љубов е да ја сакаме другата личност преку непроменливото срце, не пожелувајќи ништо за возврат. Спротивно на тоа, телесната љубов се менува во различни ситуации и околности, па поради оваа причина духовната љубов е скапоцена и убава.

Делот 2 „Љубовта Како Во Љубовното Поглавје“, го категоризира 1 Коринтјани 13 во три дела. Првиот дел, ’Љубовта Каква Што Ја Посакува Бог‘ (1 Коринтјани 13:1-3), е вовед во поглевјето коешто го става акцентот на важноста на духовната љубов. Вториот дел, ’Карактеристиките На Љубовта‘ (1 Коринтјани 13:4-7), е најважниот дел од Љубовното Поглавје и ни ги кажува 15-те карактеристики на духовната љубов. Третиот дел, ’Совршена Љубов‘, е заклучокот на Љубовното Поглавје, коешто ни дозволува да дознаеме дека верата и надежта ни се привремено потребни додека маршираме кон Кралството Небесно за време на нашите животи тука на земјата, додека љубовта трае вечно, дури и во Кралството Небесно.

Делот 3, „Љубовта Е Исполнување На Законот“, ни објаснува што значи да се исполни Законот со љубов. Тој дел исто така ни ја дава љубовта на Бога, кој што не културива нас луѓето на оваа земја и љубовта на Христа, кој што ни го отворил патот на спасението.

’Љубовното Поглавје‘ претставува само едно поглавје помеѓу 1189 поглавја во Библијата. Но тоа е нешто налик на мапа за благо, којашто ни покажува каде можеме да најдеме голема количина на богатство, бидејќи не поучува во детали за патот по којшто можеме да стигнеме во Новиот Ерусалим. Иако ја имаме мапата и го знаеме патот, тоа нема ништо да ни значи ако не трнеме по патот којшто ни е даден. Имено, сето тоа е бескорисно ако не ја практикуваме духовната љубов.

На Бога му е угодна духовната љубов и ние можеме да ја поседуваме оваа духовна љубов сé до оној степен до којшто го слушаме и практикуваме Словото Божјо, кое што е вистината. Откако еднаш ќе почнеме да ја поседуваме духовната љубов, тогаш ќе бидеме во можност да ја примиме Божјата љубов и Божјите благослови, да влеземе во Новиот Ерусалим, најубавото живелиште на Небесата. Љубовта претставува крајната намера на Божјото создавање на луѓето и нивната култивација. Се молам сите читатели најпрво да го сакаат Бога и да ги сакаат своите ближни како самите себеси, за подоцна да можат да ги добијат клучевите коишто ја отвараат бисерната порта на Новиот Ерусалим.

Геумсун Вин
Директор на Уредувачкото Биро

Содржина ~ *Љубов: Исполнување На Законот*

,,Ако ги сакате оние кои што ве сакаат вас, каква ви е наградата? Бидејќи дури и грешниците ги сакаат оние кои што нив ги сакаат. "

Лука 6:32

Дел 1

Значењето На Љубовта

Духовна Љубов

„Сакани, да се сакаме еден со друг, бидејќи љубовта е од

Бога; и секој кој што сака е роден од Бога и го познава

Бога. Оној кој што не сака, не го познава Бога, бидејќи

Бог е љубов.“

(1 Јован Богослов 4:7-8)

Самото слушање на зборот 'љубов' прави нашите срца да почнат посилно да удираат и нашите умови да треперат. Ако можеме некоја личност целиот наш живот да ја сакаме и да ја споделуваме со неа вистинската љубов, тогаш тоа би бил живот исполнет со најголем степен на среќа. Понекогаш можеме да чуеме за некои луѓе кои што ги надминуваат тешките смртно опасни ситуации, па потоа нивните животи стануваат прекрасни преку силата на љубовта. Љубовта е неизбежен фактор во водењето на среќен живот; таа ја има силата да ни ги измени животите.

Во речникот на Merriam-Webster на интернет, љубовта е дефинирана како 'силна приврзаност кон друга личност којашто произлегува од сроднички или лични врски' или 'приврзаност базирана на восхит, добронамерност, или заеднички интерес'. Но љубовта за којашто зборува Бог е љубов којашто е за едно ниво повисока, а тоа е духовната љубов. Кај духовната љубов се бара користа за другите личности; таа им дава радост, надеж и живот и никогаш не се менува. Уште повеќе, таа не само дека ќе ни донесе корист за време на овој привремен, земен живот, туку и ќе ни ги поведе нашите души кон спасението и ќе ни го даде вечниот живот.

Приказна За Жената Која Што Го Повела Својот Сопруг Во Црква

Си беше една жена која што беше верна во својот живот како Христијанка. Но нејзиниот маж не сакал да ја гледа како оди во црква и ѝ создавал потешкотии. Дури и во таквата мачна ситуација, таа секогаш наоѓала време секој ден да оди на вечерниот молитвен состанок, каде што се молела за својот сопруг. Еден ден рано наутро, таа отишла да се моли во црквата, носејќи ги со себе чевлите на својот сопруг. Држејќи ги на своите гради, таа низ солзи се молела, „Боже, денес само овие чевли дојдоа во црквата, но дозволи следниот пат и нивниот сопственик исто така да дојде во црквата."

По некое време се случило нешто чудесно. Нејзиниот сопруг дошол во црквата. Случувањата се одвивале на следниот начин: Веќе некој одреден временски период, кога и да ја напуштел куќата за да оди на работа, сопругот чувствувал топлина во неговите чевли. Еден ден ја видел својата жена како оди некаде, носејќи ги неговите чевли со себе. Тој одлучил да ја следи и видел дека таа отишла во црквата.

Тој бил вознемирен но не можел да ја надмине љубопитноста. Морал да види што жена му прави во црквата со неговите чевли. Тивко влегол во црквата и ја видел жена му како ги држи цврсто чевлите на своите гради. Тој ја чул молитвата којашто ја кажувала за него, слушајќи дека секој нејзин збор всушност се однесувал само за негово добро и благослов. Тоа навистина го трогнало неговото срце и не можел а да не почувствува жалење за начинот на којшто ја третирал жена си. На крајот сопругот бил толку многу трогнат од љубовта на својата жена, што и самиот станал посветен, побожен Христијанин.

Голем број жени кои што се наоѓаа во слична ситуација, обично ме замолуваа да се помолам за нив кажувајќи ми, „Мојот маж ми создава потешкотии само заради фактот што ја посетувам црквата. Те молам помоли се за мене, за мојот маж да престане да ме прогонува." Но тогаш јас ќе им одговорев, „Бргу стани осветена и појди во духот. Тоа е начинот на којшто ќе си го решиш својот проблем." Тие им даваа повеќе духовна љубов на своите мажи, сѐ до она ниво до коешто успеале да си ги отфрлат гревовите и да влезат во духот. Кој сопруг би и создавал потешкотии на жената која што се жртвува себеси и од сѐ срце се трди да му служи?

Во минатото жената би ја префрлила вината на својот сопруг, но сега, променета од вистината, таа се исповедала дека таа е виновна и се покорувала себеси пред него. Тогаш духовната светлина ја истерува темнината, па нејзиниот сопруг можел исто така да биде изменет. Кој би се молел за доброто на некоја личнност која што му создава потешкотии? Кој би се жртвувал себеси за запоставените соседи и би им ја давал вистинската љубов? Чедата Божји кои што ја имаат научено вистинската љубов од Господа, можат да им ја дадат таквата љубов на другите луѓе.

Непроменливата Љубов И Пријателство Помеѓу Давида И Јонатана

Јонатан бил син на Саула, на првиот Израелски крал. Кога видел како Давид го поразил Голијата, шампионот на Филистејците, употребувајќи прачка и камен, тој знаел дека Давид е борец врз кој што дошол Божјиот дух. Бидејќи и самиот бил генерал во армијата, Јонатановото срце било навистина трогнато гледајќи ја храброста од страна на Давида. Од тој момент Јонатан го засакал Давида како што се сака самиот себеси и почнале помеѓу себе да градат една силна врска на пријателство. Јонатан толку многу го сакал Давида што не штедел на ништо ако било наменето за него.

Сега дојде до тоа да кога тој заврши со говорот со Саула, душата на Јонатана беше испреплетена со душата на Давида, и Јонатан го засака како што се сакаше самиот себеси. Саул го поведе тој ден и не дозволи да се врати во татковата куќа. Потоа Јонатан направи завет со Давида бидејќи го сакаше како што се сака самиот себеси. Јонатан ја соблече својата наметка и му ја даде на Давида, заедно со неговиот оклоп, вклучувајќи го тука и неговиот меч и неговиот лак и неговиот појас (1 Самуел 18:1-4).

Јонатан бил наследник на престолот бидејќи бил првиот син на Кралот Саул и лесно можел да го замрази Давида поради фактот што тој бил многу сакан од страна на луѓето. Но тој немал никаква желба за добивање на титулата крал. Затоа кога Саул се обидувал да го убие Давида со намера да си го задржи престолот, Јонатан дури си го ризикувал својот сопствен живот за да го спаси Давида. Таквата негова љубов никогаш не се променила, сè до неговата смрт. Кога Јонатан загинал во битката кај Гилбоа, Давид цел ден го ожалувал, липал и постел сè до вечерта.

Потресен сум заради тебе, о мој брате Јонатане; ти беше многу пријатен со мене. Твојата љубов кон мене беше попрекрасна од љубовта на жените (2 Самуел 1:26).

Откако Давид станал крал, тој дознал дека Мефивостеј бил единствениот син на Јонатана, па затоа му ја вратил него целата сопственост на Саула и се грижел за него во палатата, како да му е негов сопствен син (2 Самуел 9). Слично на ова, духовната љубов претставува да се сака некоја личност со едно непроменето срце, вложувајќи го во тоа целиот свој живот, па дури и кога тоа не носи никаква корист туку напротив, може и да донесе штета. Да се биде фин со надеж дека ќе се добие нешто за возврат, не претставува вистинска љубов. Духовната љубов значи да се жртвувате себеси и да пружате сё на друга личност безусловно, со чист и вистински мотив.

Непроменливата Љубов На Бога И На Господа Кон Нас

Повеќето луѓе доживуваат голема болка поради телесната љубов во нивните животи. Кога чувствуваме болка и се чувствуваме осамено поради љубовта којашто лесно се менува, постои некој кој што не теши и останува наш пријател. Тоа е Господ. Тој самиот бил презрен и заборавен од страна на луѓето иако бил невин (Исаија 53:3), па така Тој ги разбира нашите срца многу добро. Тој ја има заборавено Својата Небесна слава и дошол на земјата за да го прими патот на страдањето. Правејќи го тоа Тој станал нашиот вистински утешител и пријател. Тој ни ја давал вистинската љубов сё додека не умрел на крстот.

Пред да станам верник во Бога јас страдав од многу болести и целосно ги имам искусено болката и осаменоста кои што ги предизвикува сиромаштијата. По долгите седум години на боледување сето што го имав беше болното тело, растечкиот долг, презирот од страна на луѓето, осаменоста и очајот. Сите оние на кои што им верував и кои што ги сакав ме беа напуштиле. Но некој дојде кај мене кога се почувствував целосно осамен во целиот универзум. Тоа беше Бог. Кога го сретнав Бога, во еден момент бев излекуван од сите мои болести и почнав да живеам еден нов живот.

Љубовта што ми ја даде Бог, за мене беше еден бесплатен дар. Јас го немам сакано Него прво. Тој прв дојде кај мене и ми ја подаде Неговата рака. Кога почнав да ја читам Библијата јас можев да ја чујам Божјата љубов за мене.

Може ли жена да го заборави чедото свое што го дои и да нема сочувство за синот на утробата своја? Па дури и да те заборави, Јас нема да те заборавам. Ете на Своите дланки сум запишал; твоите ѕидини се постојано пред Мене (Исаија 49:15-16).

Божјата љубов кон нас се покажа во тоа, што Тој го испрати Својот еден еднороден Син на овој свет, за да можеме преку Него да живееме. Во тоа се гледа љубовта, не дека ние го сакавме Бога, туку дека Тој не сакал и ни го испратил Својот Син, за да биде жртва милосница за нашите гревови. (1 Јован Богослов 4:9-10).

Бог не ме остави дури и кога јас се борев со моите страдања откако секој друг ме беше оставил. Кога ја почувствував Неговата љубов, јас не можев да ги запрам своите солзи кои што ми течеа по образите. Можев да почувствувам дека Божјата љубов е вистинита поради болките што ги имав претрпено. Сега станав пастор, слуга Божји, кој што им ги теши срцата на многу души и кој што на тој начин му возвраќа на Бога за милоста којашто му била дадена.

Бог претставува љубов во основа. Тој го испратил Својот единствен еднороден Син Исус на земјата поради нас грешниците. Тој не очекува да дојдеме во Кралството Небесно каде што има припремено многу убави и скапоцени нешта за нас. Кога би си ги отвориле своите срца барем за малку, би можеле да ја почувствуваме деликатната и обемна љубов на Бога.

Бидејќи уште од самото создавање на светот Неговите невидливи атрибути, Неговата вечна сила и божествена природа, се јасно видливи, разбрани преку она што беше направено, така што тие немаат изговор (Римјани 1:20).

Зошто не помислите за убавата природа? Синото небо, јасното море и сите дрвја и растенија се нешта коишто Бог ги има создадено за нас, така што живеејќи тука на земјата можеме да ја имаме надежта за Кралството Небесно, сé додека не стигнеме таму.

Преку брановите коишто го допираат брегот; ѕвездите коишто трепетливо блескаат кон нас како да танцуваат; гласниот грмеж на големите водопади; и ветрето коешто не милува поминувајќи покрај нас, можеме да го почуствуваме здивот на Бога којшто ни кажува „Ве сакам." Бидејќи сме биле избрани за чеда на живиот Бог, тогаш каква љубов би требало да имаме? Би требало да ја имаме вечната и вистинска љубов, а не бесмислената љубов којашто се менува ако ситуацијата не ни оди во корист.

Телесна Љубов

„Ако ги сакате оние кои што ве сакаат вас, каква ви е

наградата? Бидејки дури и грешниците ги сакаат оние

кои што нив ги сакаат. "

Лука 6:32

Еден човек стои пред голема толпа, свртен кон Морето Галилејско. Сините бранови на морето зад Него изгледаа како да играат на благото ветре. Сите луѓе беа тивки настојувајќи да ги чујат Неговите зборови. Употребувајќи нежен, но сепак решителен тон, Тој ѝ се обраќаше на толпата луѓе кои што беа седнати наоколу на малиот рид, кажувајќи им да станат светлото и солта на светот и да ги сакаат дури и своите непријатели.

Бидејќи ако ги сакате оние кои што вас ве сакаат, каква ќе ви биде наградата? Зарем не го прават тоа и митниците? Ако ги поздравувате само браќата свои, тогаш што особено правите? Не постапуваат ли така и Незнабошците? (Матеј 5:46-47)

Како што Исус има кажано, неверниците и оние кои што се зли во душата, можат исто така да покажат љубов кон оние кои што се фини кон нив и од кои што можат да имаат некаква корист. Постои исто така и лажна љубов којашто изгледа добра однадвор, но којашто не е вистинска одвнатре. Тоа е телесната љубов којашто се менува по некој одреден временски период и којашто се крши и распаѓа како резултат на дури и најмали нешта.

Како што поминува времето, телесната љубов може да се измени во секој момент. Ако се измени ситуацијата или околностите, тогаш може да се измени и телесната љубов. Луѓето многу често имаат тенденција да го изменат своето однесување во зависност од предностите и користа којашто можат да ја добијат. Луѓето обично даваат откако прво ќе примат нешто од другите луѓе, или пак даваат ако сметаат дека тоа може да им донесе некаква корист. Ако даваме и очекуваме за возврат да добиеме исто толку, или пак ако се чувствуваме разочарани кога другите не ни даваат ништо за возврат, тоа е затоа што во себе ја имаме телесната љубов.

Љубовта Помеѓу Родителите И Децата

Љубовта на родителите кои што постојано им ја пружаат на своите деца, им ги трогнува срцата на многу луѓе. Родителите не кажуваат дека им е тешко со сета сила да се грижат за своите деца, бидејќи тие навистина ги сакаат своите деца. Обично желбата на родителите е да им пружат и дадат на своите деца многу добри и убави нешта, дури иако тоа би значело дека самите тие нема да јадат убава храна или да носат убава облека. Дури и да гледаат некоја корист за себе, тие сепак, во едно делче од срцето ја имаат во предвид љубовта кон своите деца.

Ако навистина ги сакаат своите деца, тие тогаш се во состојба да ги дадат дури и своите животи за нив, без да бараат ништо за возврат за тоа. Но постојат голем број на родители кои што ги одгледуваат своите деца заради своја лична корист и чест. Тие кажуваат, „Ти го кажувам сето ова заради твое добро", но всушност се обидуваат да ги контролираат своите деца на еден начин којшто ќе им овозможи да си ги исполнат своите желби за слава или за парична корист. Кога децата ја избираат својата кариера во животот или се венчаваат, ако ја изберат професијата или жената која што не им е по волја на родителите, тие тогаш навистина силно се противат на тој избор и стануваат огорчени и разочарани поради тоа. Тоа само докажува дека нивната посветеност и жртва кон нивните деца била сепак условна. Тие се обидуваат да го добијат она што го посакуваат преку своите деца, за возврат за љубовта која што им ја пружаат.

Љубовта на децата обично е многу помала од таа која што доаѓа од родителите. Една Кореанска поговорка гласи вака,

„Ако родителите страдаат од некоја болест подолго време, тогаш сите деца ќе ги напуштат нив." Ако родителите се болни и стари и ако не постои шанса за нивно опоравување а децата треба да се грижат за нив, тогаш за нив е навистина тешко да се справат со таквата ситуација. Кога децата се мали, тие дури кажуваат нешта како што е, „Јас нема да се венчам и ќе живеам стално со вас, мамо и тато." Тие всушност можеби помислиле дека сакаат да живеат со своите родители целиот свој живот. Но како што стануваат повозрасни, тие стануваат сé понезаинтересирани за ситуацијата на своите родители, бидејќи стануваат сé позафатени со напорите да ја обезбедат својата живеачка. Срцата на луѓето овие денови стануваат сé поотапени поради гревовите, така што злото преовладува и се случува некои родители да ги убијат своите деца или пак децата да ги убијат своите родители.

Љубовта Помеѓу Мажот И Жената

Што да кажеме за љубовта помеѓу венчаните двојки? Кога се забавуваат тие си кажуваат некои слатки зборови како што се, „Не можам да живеам без тебе. Засекогаш ќе те сакам." Но што се случува кога ќе се земат? Тие почнуваат со несогласувања и повредувања кажувајќи си, „Не можам да си го живеам животот како што сакам поради тебе. Ме измами."

Тие се обидуваат да си ја исповедаат љубовта еден на друг, но по стапувањето во брак, тие многу често почнуваат да си спомнуваат за разделба или за развод, само поради тоа што си помислуваат дека нивното семејно потекло, образованието или личните карактеристики не им соодвествуваат. Ако случајно храната не е доволно добра или онаква каква што мажот очекувал да биде, тој тогаш почнува да ѝ се жали не жената, кажувајќи ѝ, „Каква е оваа храна? Нема ништо за јадење!" А исто така ако мажот не заработува доволно пари, тогаш жената постојано му кажува на мажот некои нешта како што се, „Мажот на мојата пријателка неодамна беше унапреден во директор, а друг пак во извршен директор... Кога тебе ќе те унапредат... и една моја пријателка си купи поголема куќа и сосем нова кола, а што се случува со нас? Кога ние ќе ги имаме тие подобри нешта?"

Гледајќи ја статистиката за домашното насилство во Кореја, скоро половина од земените двојки употребува некакво насилство кон своите сопруги/зи. Толку многу од земените двојки ја губат онаа прва љубов којашто ја имале еден за друг, за потоа кај нив да се роди омраза и да се јават караници. Во денешно време можеме да видиме како некои од двојките раскинуваат дури и за време на нивните медени месеци! Просечното време од почетокот на бракот, па сé до разводот, почнува исто така да се скратува. Тие помислувале дека многу си го сакаат својот брачен партнер, но живеејќи заедно почнуваат да ги приметуваат неговите негативни особини. Поради фактот што нивните начини на размислување и вкусовите им се разликуваат, тие постојано се наоѓаат во судир еден со друг, без разлика на ситуациите. Правејќи ги овие нешта, сите емоции за коишто помислувале дека се љубов, почнуваат да им се ладат.

Дури и да немаат некои јасни проблеми помеѓу себе, почнуваат да се навикнуваат еден на друг и затоа емоциите со текот не времето почнуваат да им се ладат. Потоа, тие почнуваат да фрлаат погледи кон другите мажи и жени. Мажот почнува да се разочарува од својата жена која што изгледа разбушавено кога наутро ќе стане од постела, а како што старее и добива во тежина, така тој помислува дека таа повеќе не е шармантна и убава. Љубовта со текот на времето би требала да се продлабочува, но во повеќето случаи тоа не е така. Најпосле измените коишто настануваат во нив го подржуваат фактот дека оваа нивна љубов била само една телесна љубов, којашто си ја барала само својата сопствена корист.

Љубовта Помеѓу Браќата

Браќата и сестрите коишто се родени од страна на исти родители и коишто заедно израснале, би требало да се поблиски помѓу себе отколку што би биле со другите луѓе. Тие можат да сметаат еден на друг во многу нешта во животот, бидејќи заедно имале споделувано многу нешта и ја имале акумулирано љубовта еден за друг. Но кај некои од нив се јавува чувство за натпревар помеѓу нив и тогаш тие стануваат љубоморни кон своите браќа и сестри.

Првородените многу лесно можат да помислат дека делот на родителската љубов којшто би требало ним да им биде наменет, потоа им бил одземен и даден на нивните помлади браќа и сестри. Кај второто дете може да се јави чувство на несигурност, поради тоа што чувствува инфериорност кон својот постар брат или сестра. Кај оние коишто имаат и постари и помлади браќа и сестри, чувствата може да им бидат измешани, да чувствуваат инфериорност кон своите постари браќа и сестри, а во исто време да чувствуваат и товар поради грижата којашто мораат да им ја пружат на помладите браќа и сестри. Кај нив исто така може да се јави и чувството на жртва, бидејќи не успеваат да им го привлечат вниманието на своите родители. Ако децата не успеат да се справат со ваквиот вид на емоции на еден соодветен начин, тогаш многу е веројатно дека тие ќе развијат некои неповолни односи со своите браќа и сестри.

Првото убиство во човечката историја исто така беше направено помеѓу двајца браќа. Тоа било предизвикано поради љубомората којашто ја почувствувал Каин кон својот помлад брат Авел, што се однесувало на благословите коишто требало да бидат дадени од Бога. Од тоа време па наваму, во човековата историја постојано имало раздори и борби помеѓу браќата и сестрите. Јосиф бил омразен од страна на своите браќа и бил продаден како роб во Египет. Давидовиот син Авесалом направил еден од неговите луѓе да го убие брат му Амнон. Во денешно време можеме да видиме голем број на браќа и сестри коишто се расправаат во врска со наследството коешто им било оставено од стана на нивните родители. Тие стануваат дури и најголеми непријатели едни кон други поради ваквата ситуација.

Иако не се толку серозни случаите како тие во претходно споменатите случки, исто така кога ќе се венчаат и ќе започнат свои семејства, некои повеќе не можат да им обраќаат поголемо внимание на своите браќа и сестри. Јас бев роден како последно дете во групата од шест браќа и сестри. Моите постари браќа и сестри многу ме сакаа, но кога седум години бев врзан за постела поради моите разни болести, ситуацијата наеднаш се измени. Јас им станав еден претежок товар во нивните животи. Во почетокот се обидуваа да ме излекуваат, но како што поминуваше времето и изгледаше дека нема повеќе надеж за мое опоравување, така тие почнаа да ми го вртат грбот.

Љубовта Помеѓу Соседите

Кај корејскиот народ постои еден израз, „Соседски Роднини". Тоа значи дека нашите соседи ни се блиски исто колку и членовите на нашата фамилија. Порано, кога поголемиот број на луѓе бил оддаден на земјоделието, соседите биле навистина луѓе коишто можеле да си помогнат едни на други во најразлични ситуации. Но денеска, како што поминува времето, овој израз станува сè поневистинит. Во денешно време луѓето ги заклучуваат вратите дури и за своите соседи. Денеска се употребуваат и некои многу софистицирани безбедносни системи. Така да доаѓаме до ситуацијата да луѓето дури и не ги познаваат соседите коишто живеат до нив.

Луѓето денеска не се грижат едни за други и дури немаат ниту намера да дознаат кои се нивните соседи. Луѓето обично се грижат само за себе и за своите најблиски членови на семејството. Тие повеќе не можат да си веруваат едни на други. Исто така ако почувствуваат дека соседите им предизвикуваат некакви непријатности или штети, тие не се колебаат да ги пријават или да влезат во расправија со нив. Денеска постојат голем број на луѓе кои што се соседи, а помеѓу себе си имаат потегнато тужби дури и за некои незначајни нешта. Позната е една случка кога еден сосед го избодел соседот од горниот кат, поради вревата којашто тој ја правел.

Љубовта Помеѓу Пријателите

Па каква е тогаш љубовта помеѓу пријателите? Можеби си мислите дека некој одреден пријател секогаш ќе биде на ваша страна. Но дури и некоја таква личност, за којашто сметате дека ви е голем пријател, може да ве издаде и да ве остави со скршено срце.

На пример, се случува еден човек да побара значителна сума на пари од својот пријател или пак да му биде гарант при земањето кредит, поради тоа што пропаѓа во долгови. Ако пријателот го одбие, тогаш тој му кажува дека тоа е предавство

Телесна Љубов

од негова страна и дека не сака повеќе да го види во животот. Но кој во оваа ситуација погрешно постапува?

Ако навистина го сакаш својот пријател, тогаш нема да сакаш ниту да му нанесеш некаква болка. Ако се наоѓате пред банкрот и ако пријателот стане гарант при земањето кредит, најверојатно е дека и тој, а и членовите не неговото семејство, би можеле да страдаат заедно со вас. Дали е тоа љубов, на пријателот да му предизвикаш такви ризици? Тоа не е љубов. Но денеска таквите нешта многу често се случуваат. Уште побитно, Божјото Слово ни забранува да позајмуваме пари и средства, како и да станеме гарант за некого. Кога ќе го прекршиме ова Слово Божјо, во повеќето случаи ќе се појават делата на Сатаната и сите кои што се инволвирани во нив ќе се соочат со штети.

> *Синко, ако си ја зел одговорноста за својот ближен и си ја дал заклетвата своја за друг, ако си паднал во стапицата на зборовите од устата своја, тогаш си фатен од зборовите на устата своја (Книга Соломонови Изреки 6:1-2).*

Не биди како оние кои што даваат ветувања, помеѓу оние кои што стануваат гаранти и се заложуваат за туѓи долгови (Изреки 22:26).

Некои луѓе помислуваат дека е мудро да прават пријателства базирано на тоа што можат да добијат од нив. Факт е дека денеска е многу тешко да се најде човек кој што самоволно би се откажал од дел од своето време, би вложил време, напор и пари, базирано на вистинската љубов за своите соседи или пријатели.

Уште од моето детство, јас имав голем број на пријатели. Бидејќи станав верник во Бога, верноста помеѓу пријателите ја сметав како дел од мојот живот. Помислував дека нашето пријателство ќе трае засекогаш. Но откако поминав доста време во мојата постела поради болеста, јасно сватив дека оваа љубов помеѓу пријателите исто така се менува сходно на нивните користи и потреби.

Во почетокот моите пријатели направија истражување за да дознаат кои доктори би биле најдобри за мене, или пак кој домашен лек најповеќе би ми одговарал, носејќи ме во посета кај нив. Но штом видоа дека кај мене не доаѓа до опоравување, полека почнаа еден по еден да ме напуштаат. Подоцна единствени пријатели коишто беа со мене, беа моите пријатели за пиење и коцкање. Дури и тие не доаѓаа кај мене заради љубовта којашто ја чувствуваа за мене, туку само поради потребата некаде да поминат едно одредено време. Дури и во телесната љубов луѓето кажуваат дека се љубат едни со други, но тоа со текот на времето се менува.

Колку ли убаво би било родителите и децата, браќата и сестрите, пријателите и соседите да не ја бараат својата корист во односите и никогаш да не го менуваат својот став кон другите луѓе? Ако работите се случуваат на овој начин, тогаш може да се каже дека кај нив постои духовна љубов. Но во повеќето случаи кај нив ја нема оваа духовна љубов и тие не можат да го најдат вистинското задоволство во ваквата љубов. Тие ја бараат љубовта од членовите на своето семејство и од луѓето околу нив. Но во тоа нивно барање, тие стануваат сѐ пожедни за љубов, како да пијат морска вода обидувајќи се да ја угасат својата жед.

Блејз Паскал кажал дека во срцето на секој човек постои еден Божји вакуум, којшто не може да биде исполнет со ниту

Телесна Љубов

Постојат некои луѓе кои што погрешно веруваат дека го сакаат Бога. За да го провериме нивото до коешто сме ја култивирале таа духовна љубов и љубовта на Бога, ние можеме да си ги преиспитаме емоциите и активностите коишто сме ги имале, поминувајќи низ тестови, искушенија и потешкотии. Можеме да се провериме себеси за да увидиме до кое ниво сме успеале во култивирањето на вистинската љубов, проверувајќи дали навистина се радуваме и ја оддаваме благодарноста кон Бога од длабочината на нашето срце, и во тоа дали ја следиме или не волјата на Бога.

Начини Да Се Провери Духовната Љубов

Ако се жалиме или ја отфрлиме ситуацијата барајќи некои световни методи, потпирајќи се на луѓето, тоа значи дека во себе ја немаме духовната љубов. Тоа тогаш докажува дека нашето знаење за Бога е само знаење коешто се наоѓа во нашите умови, а не знаење коешто сме го ставиле и култивирале во нашите срца. Исто како што лажната пара изгледа исто како правата банкнота, а сепак всушност е само парче хартија, исто така и љубовта којашто е запозната само во знаењето, не претставува вистинска љубов. Таа во себе нема никаква вредност. Ако нашата љубов за Господа не се менува и ако се потпираме на Бога во секоја ситуација и во секоја потешкотија, тогаш можеме да кажеме дека сме успеале во култивирањето на вистинската љубов, којашто всушност е духовна љубов.

едно создание, освен од страна на самиот Бог, Создателот, а кој што е познат преку Исуса. Никогаш не би можеле да почувствуваме задоволство и постојано би пателе од чувството на бесмисленост, освен ако тој простор не биде исполнет со Божјата љубов. Па тогаш, дали тоа значи дека на овој свет не постои духовна љубов којашто никогаш не се менува? Не, тоа не така. Не е вообичаено, но духовната љубов навистина постои. 1 Коринтјаните, глава 13, експлицитно ни кажува во врска со вистинската љубов.

Љубовта е долготрпелива, полна е со љубезност и не е љубоморна; љубовта не се превознесува и не е арогантна, љубовта не делува непристојно; не бара своја корист, не се предизвикува, не се осврнува на лошото направено, не й се радува на неправдата, туку й се радува на вистината; љубовта ги носи сите нешта, верува ви сите нешта, има надеж за сите нешта и ги трпи сите нешта (1 Коринтјаните 13:4-7).

Бог ја нарекува оваа љубов – духовна и вистинска љубов. Ако ја запознаеме љубовта Божја и ако се промениме допирајќи се со вистината, тогаш ќе можеме да ја имаме духовната љубов. Ајде сите ние да ја имаме таа духовна љубов со којашто ќе можеме да се сакаме помеѓу себе со сето срце и со непроменливо однесување, па дури иако тоа не ни носи некаква корист туку штета.

,,А сега остануваат овие три работи на коишто треба

да се придржуваме, верата, надежта и љубовта; но

најголема од сите е љубовта. "

1 Коринтјани 13:13

Дел 2

Љубовта Како Во Љубовното Поглавје

Глава 1

Љубовта Каква Што Ја Посакува Бог

„Ако зборувам на сите човечки јазици и на јазикот на ангелите, но ако љубов немам, ќе бидам како кимбал што ѕвони. Ако го поседувам пророчкиот дар и ги знам сите мистерии и го имам сето знаење; и ако ја имам сета вера, да можам да поместувам планини, но ако ја немам љубовта, тогаш ништо не сум. И ако го раздадам целиот свој имот за да ги нахранам сиромашните, и ако го предадам телото свое да биде изгорено, ако љубов немам, сето тоа ништо не ми значи. "

1 Коринтјани 13:1-3

Она што следи е опис на еден настан којшто се случи во сиропиталиште во Јужна Африка. Децата во домот почнале да се разболуваат едно по едно и бројот на болните постојано растел. Никој не можел да претпостави што би можела да биде причината за таа болест. Сиропиталиштето повикало некои прочуени лекари да ја постават дијагнозата на болеста. По внимателното испитување лекарите им кажале, „Кога се будни децата, прегрнете ги и искажете им љубов во текот на барем десет минути."

На сеопшто изненадување, болеста на којашто не можела да ѝ се најде причината, почнала да исчезнува. Сето тоа се должело на фактот што децата имале потреба за топла љубов повеќе од било што друго. Дури и да имаме сѐ што ни е потребно и да не мораме да се грижиме за ништо, ако немаме љубов во животот, тогаш нема да имаме ниту надеж ни волја за живот. Може да се каже дека љубовта е најбитниот фактор во нашите животи.

Важноста На Духовната Љубов

Во тринаесетата глава од 1 Коринтјани, којашто е наречена Љубовно Поглавје, акцентот е ставен на важноста на љубовта пред всушност да се даде објаснување во детали на духовната љубов. Зошто е тоа така? Затоа што ако зборуваме на човечките јазици и на јазикот на ангелите, а во себе ја немаме љубовта, тогаш ние сме станале само гласен гонг на одзвонувачкиот кимбал.

'Човечките јазици' не се однесува на зборувањето на разни јазици, како што е кажано за дарот даден од Светиот Дух. Се однесува на сите јазици коишто се зборуваат на Земјата, како што е англискиот, јапонскиот, францускиот, рускиот итн. Цивилизациските достигнувања и знаења се систематизирани и пренесувани преку јазиците, па затоа можеме да кажеме дека силината на јазикот е навистина големо нешто. Преку јазикот можеме да изразиме и пренесеме некои наши емоции и мисли допирајќи ги срцата на многу луѓе и можеме да ги натераме да размислуваат за нешто. Човечките јазици ја имаат моќта да ги трогнат луѓето и моќта да постигнат многу нешта.

'Ангелскиот јазик' се однесува на убавите зборови. Ангелите се духовни суштества и ја претставуваат 'убавината'. Кога некои луѓе зборуваат употребувајќи убави зборови, кажувајќи ги со убави гласови, луѓето обично ги опишуваат како ангелски. Но Бог ни кажува дека елоквентните зборови кај луѓето и убавите ангелски зборови се само како гласен гонг на одзвонувачкиот кимбал, ако се без љубов (1 Коринтјани 13:1).

Всушност тешкото, цврсто парче бакар не оддава гласен звук кога ќе се удри. Ако еден бакарен сад оддава гласен звук, тоа значи дека тој сад е всушност празен одвнатре, или пак дека е направен од тенок метален слој и дека е лесен. кимбалот прави гласен звук бидејќи е направен од тенко парче месинг. Истото важи и за луѓето. Ние ја имаме вредноста споредена со пченицата која има полна глава зрна само тогаш кога ќе постанеме вистински чеда Божји, исполнувајќи си ги срцата со љубов. Спротивно на тоа, оние луѓе кои што во себе ја немаат љубовта наликуваат на плевата. Зошто е сето тоа така?

1 Јован 4:7-8 ни кажува, „Возљубени, да се сакаме еден со друг, бидејќи љубовта е од Бога; и секој кој што сака е роден од Бога и го познава Бога. Оној кој што не сака, не го познава Бога, бидејќи Бог е љуобов.“ Имено, оние луѓе кои што во себе ја немаат љубовта, немаат ништо заедничко со Бога и се како плевата, којашто воопшто во себе нема никакви зрна.

Зборовите искажани од страна на таквите луѓе немаат никаква вредност, дури и да се елоквентни и многу убави, бидејќи тие не можат да им ја дадат вистинската љубов или живот на другите луѓе. Единствено нешто што можат да постигнат е да предизвикаат нелагодност кај другите луѓе, нешто слично што гласниот гонг на одѕвонувачкиот кимбал прави, заради фактот што се лесни и празни одвнатре. Од друга страна пак, зборовите коишто во себе ја содржат љубовта, ја имаат прекрасната сила на давањето живот. Таквите докази можеме да ги видиме во животот на Исуса.

Значителната Љубов Дава Живот

Еднаш кога Исус поучувал во Храмот, книжниците и Фарисеите донеле една жена пред Него. Таа била фатена во чинот на прељуба. Во очите на книжниците и на Фарисеите кои што ја довеле жената, не можело да се види ниту наговестување за некакво сочувство.

Тие му кажале на Исуса, „Учителе, оваа жена беше фатена во чинот на прељубодејствие. А Мојсеј во Законот ни заповеда таквите жени да ги каменуваме; што велиш Ти за тоа?“ (Јован 8:4-5)

Законот во Израел е Словото и Законот на Бога. Има една одредба во него каде што се наведува дека прељубниците мораат да бидат каменувани до смрт. Ако Исус кажел да ја каменуваат таа жена во согласност со Законот, тогаш тоа би значело дека тој си противречи на Своите сопствени зборови, бидејќи Тој ги поучувал луѓето да ги сакаат дури и своите непријатели. Ако пак кажел да ѝ простат, тогаш Тој отворено би го прекршувал Законот. Тоа би значело да се застане против Словото Божјо.

Книжниците и Фарисеите биле горди на себеси, помислувајќи си дека сега им се укажала шансата да го понижат Исуса. Знаејќи точно што се случува во нивните срца, Исус се наведнал и напишал нешто на земјата со Неговиот прст. Потоа се исправил и им кажал, „Кој од вас е без грев, прв нека фрли камен на неа" (Јован 8:7).

Кога Исус уште еднаш се наведнал и напишал нешто на земјата со Својот прст, луѓето почнале еден по еден да се разидуваат, па на местото останале само жената и Исус. Така Исус ѝ го спасил животот на жената без да го прекрши Законот.

Однадвор гледано, она што книжниците и Фарисеите го кажувале не било погрешно, бидејќи тие едноставно го цитирале напишаното во Законот на Бога. Но мотивот поради којшто ги кажале своите зборови бил многу поразличен од оној на Исуса. Нивната намера била да повредат некого, додека Исус се обидувал да спаси некои души.

Ако во срцата го носиме ваквото срце на Исуса, тогаш ние би се молеле барајќи ги зборовите коишто би им ја дале силата на другите луѓе и би ги повеле кон вистината. Ние би се обидувале да го оддаваме животот со секој искажан збор. Некои луѓе се обидуваат да ги натераат другите на нешто употребувајќи го Словото Божјо или пак се обидуваат да ги коригираат нивните однесувања, укажувајќи им на нивните недостатоци и грешки, за коишто сметаат дека не се во ред. Таквите зборови, дури и да се коректни, не можат да предизвикаат промени кај другите луѓе, или да им дадат живот, сé додека зборовите не бидат искажани со љубов.

Поради тоа, секогаш би требало да се преиспитуваме себеси дали зборовите коишто ги кажуваме произлегуваат од нашата сопствена самоправедност и мисловна рамка, или пак доаѓаат од љубовта којашто им ја пружаме на другите луѓе. Наместо нежно изговорените зборови, еден збор којшто во себе ја содржи духовната љубов, може да стане животната вода којашто ќе им ја изгаси жедта на душите и да биде прекрасниот скапоцен камен којшто ќе им ја даде радоста и утехата на душите коишто се во болка.

Љубовта И Делата На Саможртвување

Воопштено 'пророштвото' се однесува на зборувањето за идните настани. Во Библиска смисла, тоа значи да се прими срцето на Бога по инспирацијата од страна на Светиот Дух, заради некоја одредена намера и заради укажувањето на некои идни настани. Пророкувањето не е нешто коешто може да биде спроведено во согласност со човековата волја. 2 Петар 1:21 кажува, „...оти никогаш според човечката волја не е изречено пророштво, туку светите Божји луѓе зборувале просветувани од Светиот Дух." Овој дар на пророкување не се дава по случаен избор на било кого. Бог не го дава овој дар на некоја личност ако таа не станала осветена, бидејќи таа лесно може да стане арогантна поради тој дар.

„Дарот на пророштвото", како во Љубовното поглавје за духовната љубов, не е дар којшто им се дава на неколку специјални луѓе. Тоа значи дека секој кој што верува во Исуса Христа и кој што пребива во вистината, може да предвиди и да каже нешта за иднината. Имено, кога Господ ќе се врати во воздухот, спасените души ќе бидат грабнати во воздухот и ќе присуствуваат на Седумгодишниот Свадбен Банкет, додека пак оние души кои што не биле спасени ќе ги страдаат Седумгодишните Големи Страдања тука на земјата и потоа ќе паднат во Пеколот, откако ќе се заврши Судењето на Големиот Бел Престол. Но иако сите чеда Божји го имаат дарот на пророштвото за да ’зборуваат за идните настани‘, не сите од нив во себе ја носат духовната љубов. Па така, ако тие во себе ја немаат духовната љубов, тогаш по некое време може да се случи да си го изменат однесувањето, следејќи си некои свои желби и користи, па затоа дарот на пророкувањето нема да им донесе никаква корист. Таквиот дар самиот по себе не ја донесува ниту зголемува љубовта.

’Мистеријата‘ тука се однесува на тајната којашто била скриена уште пред вековите, што всушност е словото за крстот (1 Коринтјани 1:18). Словото за крстот е провидението за човечкото спасение, кое што било направено од страна на Бога уште пред вековите, под Негов суверенитет. Бог знаел дека луѓето ќе извршуваат гревови и дека ќе тргнат по патот на смртта. Поради оваа причина, Тој уште од пред вековите го има припремено Исуса Христа, којшто ќе стане Спасителот на човештвото. Сé додека не се исполнило ова провидение, Бог го држел во тајност. Зошто го направил тоа? Бидејќи ако патот на спасението би бил познат, тогаш не би можел да се исполни, поради пречките коишто би ги направиле непријателот ѓаволот и Сатаната (1 Коринтјани 2:6-8). Непријателот ѓаволот и Сатаната помислувале дека ќе можат засекогаш да си го задржат авторитетот којшто го примиле од страна на Адама, само ако го убијат Исуса. Но напротив, токму поради тоа што ги поттикнале злите луѓе да го убијат Исуса, тие го отвориле патот на спасението! Сепак, иако ја знаеме таквата голема мистерија, таквото знаење нема да ни донесе никаква корист, ако во себе не ја носиме духовната љубов.

Истото се однесува и на знаењето. Тука терминот ’сето

знаење' не се однесува на академското учење. Тоа се однесува на знањето на Бога и на вистината, коешто е запишано во 66-те книги од Библијата. Кога еднаш ќе го запознаеме Бога преку Библиските списи, тогаш исто така би требале да запознаеме и искусиме и самите, верувајќи во Него со сето наше срце. Инаку, знаењето на Словото Божјо ќе остане само како знаење коешто ќе биде во нашите умови. Дури би можело да се случи да го искористиме тоа знаење за судењето и осудувањето на другите луѓе. Поради тој факт, знаењето без да биде поткрепено со духовната љубов, не ни носи никаква корист.

Што ако ја имаме толку големата вера да можеме дури да помрднуваме и планини? Имањето на голема вера не значи дека мораме да ја имаме и големата љубов во исто време. Тогаш, поради што волуменот на верата и на љубовта не соодвествуваат еднакво еден со друг? Верата може да расте со гледањето на знаците и чудесата и на делата Божји. Петар имал видено многу знаци и чудеса коишто биле изведени од страна на Исуса, па поради таа причина и тој можел исто така, макар само за момент, да оди по водата заедно со Исуса. Но во тоа време Петар ја немал духвната љубов поради тоа што го немал примено Светиот Дух. Тој сеуште си го немал обрежано своето срце со отфрлањето на гревовите. Така што, подоцна кога неговиот живот бил во опасност, тој три пати се одрекол од Исуса.

Ние можеме да сватиме зошто верата може да ни расте преку искуството, но духовната љубов ќе ни дојде во срцата само тогаш кога ќе направиме напори, ќе ја имаме посветеноста и ќе се осветиме себеси преку отфрлањето на гревовите. Но сето ова не значи дека нема директна поврзаност и соодднос помеѓу верата и љубовта. Ние би можеле да се обидеме да ги отфрлиме гревовите и да го сакаме Бога и другите души, поради верата којашто ја имаме во себе. Но без дела преку коишто ќе наликуваме на Господа и ќе ја искултивираме вистинската љубов, нашата работа за Божјото кралство нема да има ништо заедничко со Бога, без разлика колку и да сме посветени во верата. Тогаш би било како што Исус кажал, „И тогаш ќе им кажам, 'Никогаш не сум ве познавал; бегајте од Мене вие кои што го практикувате незаконието'" (Матеј 7:23).

Љубовта Којашто Носи Небесни Награди

Обично кон крајот на годината, многу организации и личности донираат парични средства поради емитувањето на некои радио станици или печатењето на некои весници, кои апелираат за помош на луѓето кои што имаат потреба за тоа. Но што ако нивните имиња не бидат споменати во емитувањето или во весниците? Шансите дека многу личности и компании нема да го сторат тоа, без нивните имиња да бидат споменати, се навистина големи.

Исус кажува во Матеј 6:1-2, „Гледајте да ја практикувате вашата праведност без да ве видат луѓето; инаку нема да ја примите наградата заради тоа од Отецот, кој што е на Небесата. Така што ако им помагате на сиромашните, не разгласувајте го тоа, како што хипокритите го прават тоа по синагогите и улиците, барајќи ја почитта од страна на луѓето. Вистина ви велам, тие веќе во целост ја имаат примено својата награда." Ако им помагаме на другите луѓе само заради добивањето почит од луѓето, можеби за момент и ќе бидеме почитувани, но од Бога нема да добиеме никакви награди поради тоа.

Ова давање ќе биде мотивирано од самосатисфакцијата или од желбата за фалење. Ако една личност поради навика се бави со добротворната, хуманитарна работа, тогаш нејзиното срце ќе биде издигнато и сè повеќе ќе се издига, како што сè повеќе ќе ги искажува молитвите. Ако Бог ја благослови таквата личност, тогаш таа личност може да смета дека нејзините дела му се угодни на Бога. Тогаш таа личност нема да си го обреже срцето и тоа единствено може само да ѝ наштети во иднина. Ако вие со љубов за ближните ја правите таа добротворна, хуманитарна работа, тогаш нема да ви биде важно дали другите луѓе ќе го препознаат тоа или не. Вие ќе го правите тоа само поради верувањето дека Богот Отецот, кој што може да види сè, може да види што правите вие во тајност, за да може јавно да ве награди (Матеј 6:3-4).

Хуманитарната работа во Господа не се состои само во набавката на некои основни потреби за сиромашните, како што е облеката, храната или сместувањето. Повеќе треба да биде насочена кон набавката на духовниот леб, којшто ќе им помогне да си ја спасат својата душа. Денеска, било луѓето да веруваат во Господа или не, голем број од нив кажуваат дека улогата на црквата е да им помогне на болните, занемарените и сиромашните. Сето тоа се разбира дека е точно, но прва должност на црквата е да им го проповеда евангелието на луѓето и да им помогне во спасувањето на своите души, за да можат да се стекнат со духовен мир. Крајната цел на сета хуманитарна работа лежи во оваа намера.

Поради тоа, кога им помагаме на другите луѓе, многу е важно да го направиме тоа под водството на Светиот Дух. Ако на некоја личност ѝ се пружи несоодветна помош, тоа само може понатаму да ја оддалечи од Бога. Во најлошиот случај, може да се случи дури и да ја потикне да тргне по патот на смртта. На пример, ако им помагаме на оние кои што станале сиромашни поради прекумерното пиење и коцкање, или на оние кои што се подложени на тешкотии поради нивното застанување против волјата на Бога, тогаш со нашата помош би можеле да ги наведеме да одат по погрешниот пат, уште повеќе. Но тоа секако не значи дека не би требало да им помагаме на оние кои што не се верници. Би требало да им помагаме на неверниците со тоа што ќе им ја даваме љубовта Божја. Но секако не смееме да заборавиме дека главната цел на хуманитарната работа е всушност ширењето и проповедањето на евангелието.

Во случаите кога новите верници ја имаат слабата вера, навистина е важно да им помогнеме да ја зајакнат, сè додека таа не почне да им расте. Понекогаш дури и помеѓу оние луѓе кои што во себе ја имаат верата, постојат некои кои што имаат вродени слабости или болести, и некои кои што можеби преживеале некаква несреќа којашто ги спречила во нормалното обезбедување средства за живот. Постојат некои постари личности кои што живеат сами или некои деца кои што мораат да обезбедат поддршка за семејството поради отсуството на родителите. Овие луѓе можеби се во очајна потреба за хуманитарна помош. Ако им помогнеме на ваквите луѓе кои што навистина имаат потреба за тоа, тогаш Бог ќе направи нашите души да напредуваат и сите нешта во животот да ни одат во добра насока.

Во Дела, глава 10, Корнелиј е една личност која што добива благослови. Корнелиј се плашел од Бога и многу им има помогнато на Јудејците. Тој бил центурион, офицер со висок чин во окупирачката армија којашто владеела со Израелот во тоа време. Во ситуацијата во којашто се наоѓал тој, сигурно било многу тешко да му помага на локалното население. Јудејците сигурно биле претпазливо сомнителни за она што го правел, а неговите колеги сигурно биле многу критично расположени кон него. Но бидејќи имал страв од Бога, тој не престанал со правењето на овие добри дела. Бог, гледајќи ги сите овие негови дела, го испратил Петра во неговото домаќинство, така што не само неговото потесно семејство, туку и сите други кои што биле со него, да го примат Светиот Дух и спасението.

Не само хуманитарната раабота туку и понудите кон Бога, мора да бидат направени со духовна љубов. Во Марко 12, можеме да прочитаме за вдовицата која што била благословена од страна на Исуса, поради тоа што понудата ја дала од сето свое срце. Таа всушност понудила само две бакарни парички, коишто ѝ биле сé, со коешто би можела да живее. Па зошто тогаш Исус ја пофалил? Матеј 6:21 ни кажува, „...зошто каде што е богатството ваше, таму ќе биде и срцето ваше.“ Па како што е кажано, вдовицата ги понудила сите пари од кои што можела да се издржува, покажувајќи дека целото нејзино срце било насочено кон Бога. Тоа несомнено ја покажувало нејзината љубов за Бога. А спротивно на тоа, понудите коишто се направени неволно или поради однесувањето или мислењето на другите луѓе, не му се угодни на Бога. Последователно, таквите понуди не му носат никава корист на понудувачот.

Ајде сега да позборуваме малку за саможртвувањето. Да го „предадам телото свое да биде изгорено“ тука го има значењето „да се жртвувам себеси во целост.“ Обично жртвувањето се прави од љубов, но може да се направи и без љубов. Кои се тогаш жртвите коишто се прават без љубов?

Жалењето на разни нешта по завршувањето на работата посветена на Бога, е еден од примерите за жртвувањето без љубов. Тоа се случува кога ќе ја употребите целата своја сила, време и пари на работата за Бога и ако никој не ја препознае таа ваша работа и не ја пофали, тогаш може да се случи да се почуствувате навредено и да почнете да се жалите заради тоа. Може исто да се случи ако ги гледате вашите колеги кои што не се исто толку посветени во работата, иако кажуваат дека го сакаат Бога и Господа. Дури може да се случи да си кажете самите на себеси дека тие се мрзливи, така што на крајот ќе остане само вашето судење и осуда кон нив. Ваквото однесување во себе ги содржи вашите тајни желби да добиете заслуги и да им ги покажете на луѓето, да бидете фалени од нивна страна и арогантно да се фалите себеси заради вашата верност. Ваквиот вид на жртвување може да го прекине мирот помеѓу луѓето и да му го скрши срцето на Бога. На тој начин, жртвата без љубов не добива никаква корист.

Можеби вие нема да се жалите, искажувајќи го тоа преку зборови. Но ако никој не ги препознае ваште дела на верноста, тогаш може да се случи да се почувствувате скршено и да помислите дека сте небитни, па тогаш вашата ревност за Господа ќе почне полека да се лади. Ако се случи некој да ви укаже на некои грешки и слабости во вашата работа којашто сте ја извршиле вложувајќи ја сета своја сила дури и до саможртвување, тогаш може да се случи да го загубите своето срце, почнувајќи со обвиненија кон оние кои што ве критикуваат. Во некои ситуации некој друг можеби ќе понесе повеќе плодови и ќе биде повеќе фален од вас, па вие може да почувствувате љубомора и завист кон таа личност. Потоа, без разлика колку и да сте верен и ревносен во својата работа, никогаш нема да почувствувате вистинска радост во своето срце, поради тоа. Тоа може да ве доведе во опасност дури и да се откажете од своите задолженија.

Постојат некои личности кои што се ревносни во работата

само ако некој ги надгледува. Кога никој нема да ги гледа, тогаш тие стануваат мрзеливи и ги вршат своите задолженија несредено и неправилно. Наместо работење на работите коишто не им се на увид на другите, тие се обидуваат да работат само на работите кои што другите можат лесно да ги видат. Сето тоа се должи на фактот дека посакуваат да бидат видени од страна на постарите членови и да добијат пофалба од нив и до другите членови.

Но ако една личност ја поседува верата тогаш како е можно да прави саможртвување кое што е без љубов? Сето тоа е поради немањето на доволно духовна љубов. Таквите личности во себе го имаат недостатокот на чувството за сопственост, на верата дека она што е Божјо е и нивно, и дека она што е нивно е и Божјо.

На пример, да направиме една споредба на полињата коишто се обработувани од земјоделецот кој што работи во своето сопствено поле, и на она на кое што работи селанецот кој што тоа го прави за надница. Кога земјоделецот работи на своето поле, тој секојдневно го вложува својот труд од самото утро до доцна навечер. Него не му се случува да прескокне некои од задачите кои што треба да ги направи, и ги прави истите без грешка. За разлика од него, селанецот надничар кој што работи на полето коешто му припаѓа на некој друг, не го вложува сиот свој труд во работата и постојано гледа кога ќе зајде сонцето, за да може да си ја земе надницата и да си оди дома. Истите принципи важат и за кралството Божјо исто така. Ако кај луѓето во нивните срца, не постои љубовта за Бога, тие површно ќе ја работат работата, иско како што надничарот кој што само ја очекува својата надница. Исто така, тие и ќе се жалат и ќе негодуваат ако не ја добијат надницата којашто ја очекувале.

Поради тоа во Колосјаните 3:23-24 се кажува, „И сé што правите, правете го од сé срце, како да го правите тоа за Господа, а не за луѓето, знаејќи дека од Господа ќе ја примите наградата како наследство. Бидејќи на Господа Исуса вие му служите.“ Помагајќи им на другите и жртвувајќи се себеси без духовна љубов нема ништо заедничко со Бога, што исто така значи дека нема да добиеме никаква награда од Него (Матеј 6:2).

Ако сакаме да се жртвуваме со сето свое срце, мораме да ја поседуваме духовната љубов во нашите срца. Ако нашето срце е исполнето со вистинска љубов, тогаш можеме да продолжиме во посветувањето на својот живот за Господа, без разлика дали другите луѓе го препознаваат тоа или не. Во таков случај, ние би можеле да предадеме сé што поседуваме, светлејќи како што свеќата ја осветлува темнината. Во Стариот Завет, можеме да видиме дека свештениците ги убивале животните жртви, наменети како искупителни жртви, пролевајќи ја нивната крв и горејќи го нивното сало на оганот од олтарот. Нашиот Господ Исус, исто како и тие животни, искупителни жртви, ја понудил својата крв како жртва помирница за нашите гревови, пролевајќи је и последната капка од Својата крв и вода. Тој тука ни покажал пример на вистинско жртвување.

Зошто Неговата жртва била ефективна и дозволила спасение за многу души? Сето тоа е поради фактот што Неговата жртва била направена, понесена од совршената љубов кон луѓето. Исус успеал да ја исполни волјата на Бога сé до нивото, да бил спремен на жртвувањето на Својот живот. Тој дури и во последните моменти на Својот живот ја понудил Својата посредничка молитва посветена за луѓето (Лука 23:34). Поради ваквото Негово саможртување, Бог го воздигнал и му го дал најславното место на Небесата.

38

Па така, Филипјаните 2:9-10 ни кажуваат, „Па поради оваа причина, Бог високо го воздигна и Му подари име, коешто е над секое име, така што во името на Исуса секое колено да се поклони, на оние кои што се на Небесата, на земјата или под неа.“

Ако успееме да ја отфрлиме алчноста и нечистите желби, жртвувајќи се себеси носејќи го чистото срце како кај Исуса, тогаш Бог ќе не воздигне и ќе не поведе на високи позиции. Нашиот Господ во Матеј 5:8, ни ветува, „Блажени се чистите по срце, бидејќи тие ќе го видат Бога.“ Значи дека можеме да го добиеме благословот да се видиме со Бога, лице во лице.

Љубовта Која Што Оди Над Правдата

Пасторот Јанг Вон Сон е наречен 'Атомска Бомба На Љубовта'. Тој ни го покажа примерот на саможртвувањето направено со вистинската љубов. Тој се грижел за лепрозните, вложувајќи ја сета сила во таа работа. Тој исто така бил затворен поради тоа што одбил да им се поклони на јапонските воени олтари, кога Кореја била под јапонска окупација. И покрај својата посветена работа за Бога, морал да се соочи со шокирачките новости. Во октомври 1948, два од неговите синови биле убиени од лево-настроените војници, кои што повеле побуна против владеачките власти.

Обичните луѓе би почнале да се жалат кон Бога кажувајќи, „Ако Бог е жив, како можел да ми го направи ова?“ Но наместо тоа, тој само му се заблагодарил на Бога поради тоа што тие станале маченици и поради тоа што сега се на Небесата, седејќи покрај Господа. Понатаму, тој му простил на побунетиот војник кој што му ги убил синовите, дури посвојувајќи го за свој син. За време на погребот, тој ја искажал благодарноста кон Бога во девет аспекти на благодарноста, трогнувајќи ги длабоко срцата на голем број луѓе, со искажаните зборови.

„Како прво, се заблагодарувам што моите синови станаа маченици, иако се родени од мене, човек полн со беззаконија.

Како второ, му се заблагодарувам на Бога што мене ми ги подари тие скапоцени луѓе, да бидат дел од моето семејство, помеѓу толкавиот број на семејства верници.

Како трето, ја оддавам благодарноста што беа жртвувани мојот прв и втор син, најубавите од моите три сина и три ќерки.

Како четврто, поради тоа што е многу тешко еден син да стане маченик, имајќи два сина кои што станаа маченици, оддавам голема благодарност.

Како петто, претставува благослов да се умре во мир, носејќи ја верата во Господа Исуса и затоа ја оддавам благодарноста што тие ја примија славата на маченишството, стрелани додека го проповедаа евангелието.

Како шесто, тие се припремаа да отидат во Соединетите Американски Држави на студии, но сега отидоа во Кралството Небесно, што е многу подобро место од Соединетите Држави. Се чувствувам растеретен и ја оддавам својата благодарност поради тоа.

Како седмо, му ја оддавам благодарноста на Бога, којшто ми овозможи да го посвојам мојот посинок, непријателот којшто ми ги уби моите синови.

40

Како осмо, ја оддавам благодарноста бидејќи верувам дека ќе има изобилство на небесни плодови низ мачеништвото на моите два сина.

Како девето, му ја оддавам благодарноста на Бога кој што ми овозможи да ја сватам Божјата љубов, овозможувајќи ми да се радувам дури и во ваквата тешка ситуација."

Во својата мисија да им помага на болните, Пасторот Јанг Вон Сон не се евакуирал ниту за време на Корејската војна. На крајот и самиот станал маченик, кога бил убиен од страна на комунистичките војници. Тој се грижел за луѓето кои што биле целосно запоставени од другите, а во својата добрина се грижел дури и за својот непријател кој што му ги убил неговите синови. Тој успеал да постигне такво ниво на саможртвување поради тоа што бил во целост исполнет со вистинската љубов за Бога и за другите души.

Во Колосјаните 3:14 Бог ни кажува, „А над сé друго облечете се во љубов, којашто е совршена врска на заедништвото." Дури и да ги зборуваме убавите ангелски зборови и да ја имаме способноста да пророкуваме, како и верата да помрднуваме планини, да се жртвуваме за оние кои што имаат потреба за помош, делата наши нема да бидат совршени во Божјите очи, ако не се направени поведени од нашата вистинска љубов којашто ја носиме во срцата. Ајде сега поподробно да ги разгледаме сите значења содржани во вистинската љубов, за да можеме да продреме во безграничната димензија на Божјата љубов.

Карактеристиките На Љубовта

*Љубовта е долготрпелива, полна е со љубезност и не е
љубоморна; љубовта не се превознесува и не е арогантна,
љубовта не делува непристојно; не бара своја корист, не се
предизвикува, не се осврнува на лошото направено, не ѝ се радува
на неправдата, туку ѝ се радува на вистината; љубовта ги носи
сите нешта, верува ви сите нешта, има надеж за сите нешта и
ги трпи сите нешта.*

1 Коринтјани 13:4-7

Во Матеј 24, можеме да видиме една сцена каде што Исус жали гледајќи го Ерусалим, знаејќи дека Му доаѓа Неговиот час. Требало да биде закован на крстот според провидението Божјо, но помислувајќи на несреќата и неволјите кои што ќе им се случат на Јудејците и на Ерусалим, Тој не можел а да не изрази жалење за нив. Учениците запрашале зошто и го поставиле следното прашање: „Каков ќе биде знакот за Твоето доаѓање и за крајот на светот?“ (с. 3)

Така Исус им кажал за многуте знаци и со жалење им кажал дека љубовта кај луѓето ќе олади: „Бидејќи беззаконијата ќе се умножат, кај повеќето од луѓето љубовта ќе олади“ (с. 12).

Денеска секако дека можеме да почувствуваме дека љубовта кај луѓето сé повеќе се лади. Голем број од луѓето имаат некаква нездрава љубов во себе, не знаејќи што е тоа вистинска љубов, имено што е тоа духовна љубов. Ние не можеме да ја поседуваме вистинската љубов само заради тоа што во себе ја имаме желбата да ја поседуваме. Единствен начин да ја добиеме е кога љубовта на Бога ќе почне да навлегува во нашите срца. Тогаш ќе бидеме во можност да сватиме што таа навистина значи и да започнеме со отфрлањето на злото коешто се наоѓа во нашите срца.

Римјани 5:5 ни кажува, „...надежта не разочарува, бидејќи љубовта на Бога беше излеана во нашите срца преку Светиот Дух кој што ни беше даден.“ Како што е тука кажано, можеме да ја почувствуваме љубовта на Бога преку Светиот Дух кој што е во нашите срца.

Бог ни кажува за секоја од карактеристиките на духовната љубов во 1 Коринтјани 13:4-7. Од Божјите чеда се очекува да научат сé за нив и да ги практикуваат, така што ќе можат да станат гласници на љубовта коишто на луѓето ќе им овозможат да ја почувствуваат духовната љубов.

Карактеристиките На Љубовта

1. Љубовта Е Трпелива

Ако некој во себе нема доволно трпеливост, којашто е една од карактеристиките на духовната љубов, тогаш таквата личност лесно може да ги обесхрабри другите луѓе во настојувањето да ја добијат ваквата љубов. Да претпоставиме дека еден надзорник ѝ доделува некаква задача на некоја личност, а таа личност не ја завршува работата на исправен начин. Затоа надзорникот му ја доделува истата работа на некој друг за да биде завршена што побргу. Првата личност на која што првично ѝ била доделена работата, може да западне во очајание поради тоа што не ѝ била пружена втора шанса за да го исправи она што го погрешила. Бог како прва карактеристика на духовната љубов, ја ставил карактеристиката 'трпеливост', бидејќи таа е една основна карактеристика за култивацијата на духовната љубов. Ако во себе ја имаме љубовта, тогаш чекањето нема да ни биде досадно и да ни претставува проблем.

Откако еднаш ќе ја сватиме љубовта на Бога, ќе почнеме да ја споделуваме таа љубов со луѓето околу нас. Понекогаш кога се обидуваме да сакаме на овој начин, луѓето може да ни одговорат со неповолни, негативни реакции, коишто можат да ни го скршат срцето или многу да ни наштетат. Тогаш луѓето нема да ни изгледаат убаво и нема да можеме да ги сватиме како што сме ги свакале порано. Ако ја имаме духовната љубов, ние ќе покажеме разбирање и долготрпеливост дури и кон таквите луѓе. Дури и кога не клеветат, кога не мразат или се обидуваат безпричински да ни создадат потешкотии, ние сепак треба да го контролираме својот ум, да покажеме долготрпеливост и да ги сакаме.

Еден член на црквата во една прилика ме замоли да се

помолам за неговата жена која што западнала во депресија. Тој исто така ми призна дека станал пијаница и дека откако почнал да пие, станал сосема различна личност од тоа што бил порано, и им создал толку многу потешкотии на членовите од своето семејство. Неговата жена, сепак, била многу трпелива кон него секој пат кога ќе направел некој инцидент, и се обидувала да ги оправда неговите грешки, покажувајќи огромна љубов за него. Но тој не успеал да си ги смени навиките и со текот на времето станал алкохоличар. Неговата жена го загубила жарот на животот и ја совладала депресијата.

Тој со своето пиење им создал толку многу тешкотии на членовите од своето семејство, но сепак дојде да ја прими мојата молитва бидејќи сеуште ја чуствувал љубовта за својата жена. По слушањето на неговата приказна му го кажав следното, „Ако навистина ја сакаш својата жена, тогаш зошто мислиш дека е толку тешко да се откажеш од пушењето и пиењето?" Тој ништо не ми одговори и ми изгледаше дека нема доволно самодоверба во себе. Почуствував жалење за членовите од неговата фамилија. Се помолив за неговата жена да излезе од состојбата на депресија и за него да ја прими силата да може да се откаже од пушењето и пиењето. Божјата сила беше навистина прекрасна! Тој веднаш по примањето на молитвата можеше да престане да мисли на алкохолот. Пред тоа не постоел никаков начин да се откаже од пиењето, но веднаш по примањето на молитвата тој моментално престана со мислите за алкохолот. Неговата жена исто така беше излекувана од состојбата на депресија.

Да Се Биде Трпелив Е Почетокот На Духовната Љубов

За да можеме да ја искултивираме духовната љубов во себе, мораме да бидеме трпеливи со другите луѓе, во било која ситуација. Дали страдате од нелагодност во својата издржливост? Или пак, дали како во овој горе наведен случај, се обесхрабрувате ако сте биле трпелив во текот на долг временски период, а ситуацијата воопшто не се изменила на подобро? Пред да ја префлиме вината на ситуацијата или на луѓето, треба прво да си го преиспитаме своето срце. Ако во нашите срца сме ја искултивирале вистината во целост, не постои ситуација во којашто нема да можеме да искажеме трпеливост. Имено, ако не можеме да бидеме трпеливи, тоа всушност значи дека во нашите срца сеуште постои некое зло, што претставува дел од невистината, и го имаме до тоа ниво што не можеме да имаме доволно трпеливост.

Да се биде трпелив значи да се биде трпелив со себеси и во текот на сите потешкотии со коишто се соочуваме додека се обидуваме да ја искажеме вистинската љубов. Може да се соочиме со некои тешки ситуации кога ќе се обидуваме секого да сакаме, покорувајќи му се на Словото Божјо, а долготрпеливоста на духовната љубов значи да се биде трпелив во сите такви ситуации.

Ваквата долготрпеливост се разликува од онаа којашто е спомената во деветте плодови на Светиот Дух, во книгата за

Трпението Како Во Деветте Плодови На Светиот Дух	1. Тоа значи да се отфрли сета невистина и да се искултивира срцето на вистината 2. Тоа значи да ги сваќаме другите луѓе, да ја посакуваме корista за нив и да бидеме во мирни односи со нив 3. Тоа значи да ги примиме одговорите на нашите молитви, да го добиеме спасението и сите нешта коишто ни биле ветени од страна на Бога.

Галатјаните 5:22-23. Во што е разликата? „Трпеливоста" којашто е еден од деветте плодови на Светиот Дух нé поттикнува да бидеме трпеливи во сé што е за Кралството и праведноста Божја, додека трпеливоста во духовната љубов значи да се биде трпелив во култивирањето на духовната љубов и сходно на тоа има потесно и поспецифично значење. Можеме да кажеме дека припаѓа во рамките на трпеливоста којашто е еден од деветте плодови на Светиот Дух.

Во денешно време луѓето многу лесно подигаат тужби и судски процеси едни против други, поради и најмалите штети коишто им се нанесуваат на нивните имоти. Постои еден наплив на тужби помеѓу луѓето. Во многу случаи луѓето ги тужат сопствените жени или мажи, па дури и сопствените родители и деца. Ако денеска покажете трепеливост кон другите луѓе, луѓето може да почнат да ве задеваат поради тоа, кажувајќи ви дека сте будала. Но што ни кажува Исус за тоа?

Во Матеј 5:39 е кажано, „А Јас пак ви кажувам, не противете й се на личноста којашто ви прави зло; ако некој ве удри по десниот образ, свртете му го и другиот кон него," а во Матеј 5:40 се кажува, „Ако некој сака да се суди со вас и да ви ја земе кошулата, дајте му ја и наметката исто така."

Исус не само што ни кажува да не возвраќаме на злото со зло, туку и ни кажува да покажеме трпеливост. Тој ни кажува да им правиме добро и на оние луѓе кои што се зли. Можеби ќе помислите, 'Како би можеле да им правиме добрини ако сме многу лути и навредени од нивна страна?' Ако имаме вера и љубов во себе, тогаш ќе бидеме повеќе од способни да го сториме тоа. Верата во љубовта на Бога кој што ни го дал Својот еднороден Син, како жртва помирница за нашите гревови. Ако веруваме во фактот дека сме ја примиле таквата љубов од Него, тогаш многу лесно ќе можеме да им простиме дури и на оние луѓе кои што ни создале големи страдања и повреди. Ако го сакаме Бога кој што не сакал до тој степен да бил спремен да си го даде Својот еднороден Син за нас, и ако веруваме во љубовта на Господа кој што го има дадено Својот живот за нас, тогаш ќе бидеме способни да го сакаме секој човек.

Трпение Кое Што Нема Граници

Некои луѓе ги потиснуваат емоциите како што е омразата, гневот или лошото расположение, сè додека на крајот тие не го достигнат лимитот на нивното трпение и доведат до нивна конечна експлозија. Некои интровертни личности не успеваат да си ги изразат своите чувства, па затоа патат во срцата, што понатаму доведува до некои здравствени проблеми, коишто се предизвикани од претераниот стрес. Таквото трпение е нешто слично на притискањето на една метална жичка со вашите раце. Ако ја тргнете раката, таа ќе искокне и ќе затрепери.

Видот на трпението коешто му е угодно на Бога и коешто Тој посакува да го имаме е трпението сè до крајните граници, без промена на расположението. Ако сме попрецизни во ова објаснување, мораме да кажеме дека ако го имаме таквото трпение, тогаш воопшто нема ниту да имаме потреба за трпение во ниедна ситуација. Тогаш ние не би ги трупале омразата и огорченоста во нашите срца, туку би ја отфрлиле оригиналната зла природа од нашите срца, којашто ни ги предизвикува таквите лоши чувства и би ги превртеле во чувства на љубов и сочуство. Во ова се состои суштината на духовното значење на трпението. Ако во нашите срца воопшто немаме зло, туку во целост ја имаме само духовната љубов, тогаш нема да ни биде тешко да ги сакаме дури и нашите непријатели. Всушност не би ни дозволиле да направиме некој непријател во животот.

Ако нашите срца се полни со омраза, караници, завист и

љубомора, тогаш ние прво ќе ги гледаме негативните нешта кај другите луѓе, па дури и да се тие со добри срца. Тоа е нешто налик на носењето на темни очила за сонце. Тогаш сѐ ни изгледа затемнето и црно. Од друга страна пак, ако нашите срца се исполнети со љубов, тогаш и луѓето кои што делуваат со зло ќе ни изгледаат убаво. Без разлика на недостатоците, маните, грешките или слабостите коишто тие ги имаат, ние сепак нема да чувствуваме омраза кон нив. Дури и да не мразеле и да делувале со зло кон нас, ние сепак нема да развиеме омраза кон нив во нашите срца, како знак на одмазда.

Трпението исто така се наоѓа во срцето на Исуса, кој што, 'не ги крши поткршените трски, ниту го гасне фитилот што тлее'. Сето тоа се огледа во срцето на Стефана кој што се моли дури и за оние кои што го каменуваат, кажувајќи, „Господи, не примај им го ова за грев!" (Дела 7:60) Тие го каменувале само заради фактот што им го проповедал евангелието нив. Дали на Исуса му било тешко да ги сака грешниците? Секако дека не му било! Сето тоа било така, бидејќи Неговото срце е всушност самата вистина.

Еден ден Петар го прашал Исуса едно прашање. „Господи, колку често да му простувам на мојот брат, кога ќе згреши против мене? До седум пати ли?" (Матеј 18:21) Тогаш Исус му кажал, „Не ти кажувам, до седум пати, туку до седумдесетпати по седум" (с. 22).

Ова не значи дека дека треба да простуваме само седумдесетпати по седум, што излегува 490 пати. Седмицата во духовна смисла ја симболизира совршеноста. Затоа простувањето седумдесетпати по седум, го означува совршеното простување. Тука можеме да ги почуствуваме неограничената љубов и простување кај Исуса.

Карактеристиките На Љубовта

Трпението Коешто Ја Исполнува Духовната Љубов

Се разбира дека не е лесно прекунок да го превртиме чувството на омраза во чувство на љубов. Мораме да бидеме трпеливи во текот на еден долг временски период, без престанок. Ефесјаните 4:26 ни кажува, „Разгневувајте се, но сепак не грешете; не дозволувајте сонцето да зајде во гневот ваш."

На ова место е кажано 'разгневувајте се' обраќајќи им се на оние кои што во себе ја имаат слабата вера. Бог им кажува на тие луѓе дека иако стануваат разгневени поради недостатокот на верата, тие мораат да не го натрупуваат тој гнев во себе и да заборават на него пред зајдисонцето, имено да го чувствуваат 'подолго време', туку да дозволат таквите чувства да истечат од нив. Во рамките на мерката на верата којашто ја има секоја личност, дури и кога лицата можеби имаат некои негативни чувства и од срцата им се издига гневот, ако со трпение и издржливост се обидат да ги отфрлат таквите чувства, можат да ги изменат своите срца во срца на вистината и тогаш духовната љубов постепено ќе почне да им расте во нивните срца.

Што се однесува на грешната природа којашто земала длабоки корења во срцата на луѓето, тие би можеле да ја отфрлат преку ревносното молење со целосноста на Светиот Дух. Многу е важно да се обидеме да гледаме на луѓето кои што не ни се драги, со една благонаклоност и да се обидеме да им покажеме дела на добрина. Правејќи го тоа, ќе почуствуваме дека омразата полека исчезнува од нашите срца и дека стануваме способни да ги сакаме и таквите луѓе. Тогаш нема да имаме конфликт со никого и нема да имаме кого да мразиме. Тогаш ќе можеме да живееме еден среќен живот, сличен на оној во Небесата, исто како што Господ ни има кажано, „И ете,

Кралството Божјо е внатре во вас" (Лука 17:21).

Кога се многу среќни, луѓето имаат обичај да кажат дека се чуствуваат како да се на Небесата. Слично на тоа, Кралството на Небесата да биде внатре во вас се однесува на отфрлањето на невистината од вашите срца и нивното исполнување со вистината, љубовта и со добрината. Тогаш нема да имате потреба да бидете трпеливи, бидејќи ќе бидете среќни, радосни и полни со благодет, поради фактот што ќе го сакате секој ближен околу вас. Колку повеќе сте успеале да го отфрлите злото и да ја постигнете добрината, толку помалку ќе треба да бидете трпеливи. Колку повеќе ќе ја исполните духовната љубов, толку повеќе нема да имате потреба за потиснувањето на вашите емоции; бидејќи тогаш ќе бидете способни трпеливо и мирно да чекате другите луѓе да се изменат со помош на љубовта.

На Небесата не постојат солзи, нема тага и не постои болка. Бидејќи на Небесата воопшто не постои злото, туку има само добрина и љубов, вие никого нема да мразите, на никого нема да му се налутите или да имате негативни чувства кон некој. Што значи дека нема да морате да се воздржувате и да ги контролирате своите емоции. Се разбира дека нашиот Бог не мора да биде трпелив, бидејќи Тој е всушност самата љубов. Причината поради која во Библијата е запишано 'љубовта значи трпеливост' е поради фактот што луѓето имаат душа и мисли, како и ментални рамки. Бог сака да им помогне на луѓето да го сватат тоа. Колку повеќе успеете во отфрлањето на злото и на достигнувањето на добрината, толку помалку ќе треба да бидете трпеливи.

Претворањето На Непријателот Во Пријател Преку Трпението

Абрахам Линколн, шеснаесетиот претседател на Соединетите Американски Држави и Едвин Стантон, не биле во добри односи во времето кога се занимавале со адвокатура. Стантон потекнува од богата фамилија и имал примено добро образование. Линколновиот татко бил сиромашен чевлар, па затоа тој го немал завршено ниту основното образование. Поради ова Стантон му се подбивал на Линколна, употребувајќи некои тешки зборови. Но Линколн никогаш не се разгневил, ниту пак му се обратил со непријателство кон него.

Откако Линколн бил избран за претседател, тој го поставил Стантона за Воен Секретар, една од најзначајните позиции во неговиот кабинет. Линколн знаел дека за таа позиција, Стантон би бил најкомпетентната личност. Подоцна, кога Линколн бил застрелан во Фордовиот Театар, повеќето од луѓето се разбегале, плашејќи се за својот живот. Но Стантон веднаш се затрчал кон Линколна. Тој го придржувал Линколна во својата прегратка и со очите исполнети со солзи, тој кажал, „Тука лежи најголемиот човек во светот. Тој е најголемиот водач во човечката историја.“

Трпението во духовната љубов може да доведе до чудото, непријателите да ви станат пријатели. Матеј 5:45 кажува, „...за да можете да бидете синови на Отецот кој што е на Небесата; бидејќи Тој прави сонцето да изгрее и над злите и над добрите луѓе, и го испраќа дождот и над праведните и над неправедните луѓе.“

Бог е трпелив и кон луѓето кои што чинат зло, посакувајќи еден ден тие да се сменат. Ако злите личности ги третираме со зло, тоа значи дека и самите сме зли, но ако сме трпеливи и ако ги сакаме, гледајќи кон Бога кој што ќе не награди заради тоа, тогаш ние подоцна ќе се здобиеме со убавите места за живот на Небесата (Псалм 37:8-9).

2. Љубовта Е Љубезност

Помеѓу Езоповите басни можеме да најдеме една приказна за сонцето и за ветрот. Еден ден, сонцето и ветрот се обложиле за тоа кој прв ќе успее да го натера човекот кој што поминувал во близина, да го симне палтото. Прв пробал ветрот и триумфално задувал испраќајки таков удар на ветрот, што можел да собори дрвја. Човекот само уште повеќе се завиткал во своето палто. Сонцето, со насмевка на лицето, нежно почнало да грее. Станувајки му сé потопло, човекот самиот го соблекол своето палто.

Оваа приказна ни дава една многу добра лекција. Ветрот се обидел насилно да му го симне палтото на човекот, но сонцето успеало нежно да го натера човекот сам да си го соблече. Слична е ситуацијата и со љубезноста. Љубезноста значи да се допре и придобие срцето на луѓето, не преку физичка сила, туку преку добрината и љубовта.

Љубезноста Ја Прифаќа Секоја Личност

Онаа личност која што во себе ја има љубезноста, може лесно да ја прифати секоја личност и огромен број на луѓе можат кај неа да најдат одмор. Дефиницијата на љубезноста којашто е дадена во речникот е ’квалитетот или состојбата да се биде љубезен‘ и да се биде љубезен значи да се биде со воздржана природа. Ако помислите на едно парче памук, би можеле подобро да ја сватите љубезноста. Памукот не создава никаков звук дури и кога другите објекти ќе се удрат во него. Тој само ги прифаќа и прегрнува сите тие објекти.

Исто така, една љубезна личност е нешто како дрво под кое можат да најдат починка голем број на луѓе. Ако во текот на еден жежок летен ден седнете под сенката на некое големо дрво, веднаш ќе се почувствувате подобро и попријатно. На истиот начин, ако една личност има љубезно срце, тогаш голем број на луѓе ќе сакаат да бидат во нејзина близина за да се одморат и да се почувствуваат попријатно..

Обично, кога еден човек е навистина љубезен и нежен, да не се разлутува на никого кој што му додева, не инсистирајќи на своите ставови, за него се вели дека е кротка личност со љубезно срце. Но без разлика колку и да е кротка личност, ако таа добрина не е препознаена од страна на Бога, тогаш тој не може да биде сметан за навистина кроток човек. Постојат некои личности кои што им се покоруваат на другите луѓе поради својата природа која што е слаба и конзервативна. Други пак ги потиснуваат своите чувства на гнев и непријателство, иако нивните умови се навистина вознемирени, кога ќе се соочат со потешкотиите создадени од страна на луѓето. Но нив не можеме да ги сметаме за љубезни. Луѓето кои што се љубезни, немаат никакво зло во срцата, а наместо него таму ја имаат љубовта и ги прифаќаат и трпат злите луѓе преку својата духовна кроткост..

Бог Ја Посакува Духовната Љубезност

Духовната љубезност е резултат на исполнетоста со духовната љубов, немајќи во себе зло. Со таквиот вид на духовна љубезност вие не само што ќе можете да му се спротиставите на било кого, туку исто така ќе можете и да го прифатите, без разлика за каков подлец можеби и да се работи. Исто така ќе можете и да издржите сé, бидејќи ќе бидете мудри. Но мораме да запаметиме дека не можеме да бидеме сметани за љубезни само поради тоа што безусловно ги сваќаме и им простуваме на другите луѓе, и бидејќи сме нежни кон секого. Ние во себе исто мораме да ја имаме праведноста, достоинството и авторитетот да можеме да ги водиме и да влијаеме врз другите луѓе. Па така, духовно љубезната личност не е само нежна, туку исто така е и мудра и праведна. Таквата личност живее живот за пример. Да бидеме што поодредени во објаснувањето на духовната љубезност, можеме да кажеме дека тоа е всушност е да се има кроткост внатре во срцето, како и да се има доблесна великодушност однадвор.

Дури и да го поседуваме љубезното срце, немајќи зло во него, туку само добрина, ако ја немаме внатрешната нежност, тогаш самата таа нежност нема да може да биде способна да не направи да ги прифатиме другите и да имаме позитивно влијание врз нив. Па така, кога ќе ја поседуваме не само внатрешната нежност, туку исто така ќе го имаме и надворешниот карактер на доблесна великодушност, тогаш нашата љубезност ќе биде усовршена и ќе можеме да искажеме поголема сила. Ако ја поседуваме великодушноста заедно со љубезното срце, тогаш ќе бидеме во можност да ги придобиеме срцата на голем број луѓе и да постигнеме многу повеќе.

Една личност може да ја искажува вистинската љубов кон другите луѓе само тогаш кога ќе ја поседува добрината и љубезноста во своето срце, кога ќе ја има исполнетоста со сочувството и доблесната великодушност, за да може да ги поведе другите луѓе кон правиот пат. Тогаш таа ќе биде во можност да поведе голем број на души кон патот на спасението, којшто е правиот пат. Љубезноста којашто се наоѓа внатре не може да сјае со полна светлина без да се поседува доблесната великодушност однадвор. Ајде сега да погледнеме што би требало да направиме, за да успееме во култивирањето на внатрешната љубезност.

Стандардот По Којшто Можеме Да Ја Измериме Внатрешната Љубезност Е Осветеноста

За да можеме да ја достигнеме љубезноста, како прво мораме да се ослободиме од злото коешто го имаме во срцата и да постанеме осветени. Љубезното срце е како памукот, па дури и да се соочи со актот на агресивност од страна на некоја личност, тоа не прави никаков звук, туку само ја прифаќа таквата личност. Една личност која што има љубезно срце во себе нема никакво зло и не е во конфликт со ниту една друга личност. Но ако го поседуваме острото срце на омразата, љубомората и зависта, или пак отврднетото срце на самоправедноста и на бескомпромисните самопоимања на светот, тогаш ќе биде навистина тешко да ги прифатиме другите луѓе.

Ако еден камен падне и удри врз некој друг камен или некој метален објект, тогаш ќе направи бука и ќе се одбие од него. На истиот начин, ако нашето телесно јас сеуште е живо, ние ќе ги оддаваме непријатните чувства, дури и кога другите луѓе ќе ни предизвикуваат и најмала можна нелагодност. Кога луѓето кои што имаат недостатоци во својот карактер и некои други мани во себе ќе дојдат во допир со нас, ние нема да можеме да им пружиме заштита или да ги сватиме, наместо тоа ќе почнеме да им судиме, да ги осудуваме, да ги оговараме или да ги клеветиме. Тоа значи дека ние сме налик на мали садови од коишто течноста претекува ако се обидеме да ставиме нешто во нив.

Срцето што е толку мало и исполнето со многу валкани нешта, нема повеќе простор да прифати нешто друго во себе. На пример, можеби ќе се почувствуваме навредени ако некои луѓе ни укажат на некои наши грешки. Или пак, ако видиме некои луѓе како шепотат помеѓу себе, ние веднаш ќе помислиме дека тие зборуваат нешто за нас, прашувајќи се што тоа би можело да биде. Можеби ќе почнеме со судењето на другите луѓе, само поради нивното погледнување кон нас.

Немањето на зло во срцето е еден основен предуслов за култивирањето на љубезноста. Причината лежи во фактот што кога немаме зло во срцата, тогаш можеме да ги негуваме другите луѓе во нашите срца и да гледаме на нив низ една добрина и љубов. Една љубезна личност цело време гледа на другите луѓе со една милост и сочувство. Таквата личност нема намера да суди и осудува други луѓе; таквата личност преку добрината и љубовта се обидува да ги свати другите луѓе, па тогаш дури и срцата на злите луѓе почнуваат да се топат поради нивната топлина.

Многу е важно оние кои што ги поучуваат и водат другите луѓе да бидат осветени во своите срца. До она ниво до коешто во себе го имаат злото, до тоа ниво тие ќе си ги искористат своите сопствени телесни мисли. Тоа исто така значи дека до тоа исто одредено ниво тие не можат исправно да ја спознаат ситуацијата кај толпата, изразувајќи ја со тоа својата неспособност да ги водат душите кон зелените пасишта и мирните води. Само кога во целост сме осветени, можеме да го примиме водството од страна на Светиот Дух и на правилен начин да ја сватиме ситуацијата којашто се случува кај толпата, поведувајќи голем број души кон патот на спасението. Бог ги препознава како навистина љубезни, оние личности коишто се во целост осветени во срцата. Различни луѓе имаат различни стандарди за тоа кој вид на луѓе се љубезни луѓе. Но љубезноста препознаена од Бога и онаа препознаена од луѓето, се разликуваат помеѓу себе.

Бог Ја Признал Мојсеевата Љубезност

Во Библијата можеме да видиме дека Мојсеевата љубезност и благост била признаена од страна на Бога. Колку е важно да бидеме признаени од страна на Бога, можеме да прочитаме во Броеви, глава 12. Во една прилика Мојсеовиот брат Арон и неговата сестра Миријам го критикувале Мојсеја поради тоа што се оженил со етиопјанка.

Броеви 12:2 цитира, „...и рекоа, 'Само преку Мојсеја ли

зборуваше ГОСПОД? Не зборуваше ли и преку нас исто така?' И ГОСПОД го чу тоа."

Што кажал Бог за тоа што го кажале? „Со него зборувам уста со уста, дури јавно и без гатање, и тој ја виде славата на ГОСПОДА. Зошто не се исплашивте да го прекорувате Мојот слуга, Мојсеја?" (Броеви 12:8)

Ароновата и Миријамовата забелешка кон Мојсеја, го разгневила Бога. Поради тоа Миријам станала лепрозна. Арон бил нешто како гласноговорник во име на Мојсеја, а Миријам исто така била еден од водачите на конгрегацијата. Помислувајќи си дека и тие исто така се сакани и признати од страна на Бога, кога мислеле дека Мојсеј направил нешто погрешно, тие веднаш кажувале критики против него.

Бог не ја прифатил осудата од страна на Арона и на Миријам, кои што зборувале против Мојсеја базирајќи се на некои свои стандарди. Каков човек бил Мојсеј? Тој бил признат и препознаен од страна на Бога како најскромната и најкротката личност која што се наоѓа на земјата. Тој исто така бил верен во целиот Божји дом, па поради овој факт, Бог искажал голема доверба кон него, зборувајќи со него уста со уста.

Ако погледнеме на процесот на бегањето на луѓето од Израелот од Египет и нивното одење кон земјата Ханаан, можеме да сватиме зошто признавањето на Мојсеја од страна на Бога, било толку големо. Луѓето кои што излегле од Египет непрестано повторувале некои гревови, одејќи притив Божјата волја. Тие му се жалеле на Мојсеја и го обвинувале за секоја потешкотија, а тоа било слично како да се жалеле против самиот Бог. Секој пат кога се жалеле, Мојсеј го замолувал Бога да им искаже милост.

Во еден настан можеме да видиме како на еден драматичен начин била покажана Мојсеевата љубезност. Додека Мојсеј бил на планината Синај, каде што ги примал заповедите од страна на Бога, луѓето на Израелот направиле идол – златно теле – јадејќи, пиејќи и препуштајќи й се на раскалашноста, додека го обожувале овој идол. Египјаните обожувале богови кои што личеле на бик или на крава, па затоа тие имитирале сличен бог. Бог многу пати им покажал дека е со нив, но тие и понатаму не покажувале никаков знак на трансформација. На крајот, Божјата лутина и бес паднале врз нив. Но во тој момент Мојсеј посредувал за нив, ставајќи си го сопствениот живот како жртва за нив: „И сега, ако сакаш, прости им го гревот нивни, а ако не сакаш, избриши ме и мене од книгата Твоја, во која си ме запишал!" (Исход 32:32)

'Книгата Твоја во која си ме запишал' се однесува на книгата на животот, во којашто се запишани имињата на оние луѓе кои што се спасени. Ако името ви биде избришано од таа книга на животот, тоа значи дека вие не можете да бидете спасени. Тоа не значи само дека нема да го добиете спасението, туку значи и дека ќе морате да страдате во маките на Пеколот засекогаш. Мојсеј многу добро бил запознаен со животот после смртта, но сепак бил спремен да се откаже и од своето спасение за да ги спаси. Таквото Мојсеево срце многу наликувало на Божјото срце, кое што не сакало никого да види како страда.

Мојсеј Ја Искултивирал Љубезноста Низ Искушенија

Се разбира дека Мојсеј не ја поседувал таквата љубезност уште од самиот почеток на својот живот. Иако бил Јудеец, тој бил подигнат како син на Египетска принцеза и никогаш ништо не му недостасувало. Тој примил образование коешто го примале луѓето од највисоката класа и бил обучуван на боречките вештини. Кај него исто така постоела гордоста и самоправедноста. Еден ден, гледајќи како еден египјанец тепа јудеец, поведен од својата самоправедност, тој го убил тој египјанец.

Поради оваа случка, тој преку ноќ станал бегалец. За среќа, со помошта на Мидианскиот свештеник, тој станал пастир во дивината, но затоа пак, изгубил сè што поседувал. Чувањето на стадото било нешто што Египјаните го сметале за работа за пониската класа. Во текот на четириесет години тој морал да го работи она што порано го сметал за работа за пониската класа на луѓе. Во текот на тие години тој успеал во целост да се смири и да покаже целосна смерност, сваќајќи многу нешта во врска со љубовта, Бога и животот.

Бог не го повикал Мојсеја, Египетскиот принц, да биде водач на луѓето на Израелот. Бог го повикал Мојсеја пастирот, кој што многукратно се смирил и научил на смерност. Тој во целост се научил на смерност и го отфрлил злото од своето срце поминувајќи низ испитувања, па поради таа причина бил во состојба да поведе повеќе од 600,000 луѓе надвор од Египет кон земјата Ханаанска.

Така што, многу важно нешто во култивирањето на љубезноста е култивирањето на добрината и на љубовта, преку смирувањето на себеси пред Бога, поминувајќи низ испитувања, коишто ни се задаваат од страна на Бога, да ги поминеме. Нивото на нашата смерност прави разлика и во нивото на нашата љубезност исто така. Ако сме задоволни со нашата моментална состојба, помислувајќи дека сме успеале во култивирањето на вистината до некое одредено ниво бидејќи сме признати од страна на другите луѓе, како што бил случајот со Арона и Миријам, тогаш постои опасност да станеме само уште поарогантни од порано.

Доблесната Великодушност Ја Усовршува Духовната Љубезност

За да можеме да ја искултивираме духовната љубезност мораме не само да станеме осветени, отфрлајќи ги сите форми на зло од срцата, туку мораме и да ја искултивираме доблесната великодушност исто така. Доблесната великодушност значи да ги прифатиме и праведно да ги разбереме другите луѓе; да ги правиме нештата во согласност со човечките задолженија; и да го имаме карактерот којшто им дозволува на другите луѓе да го отвора и предадат своето срце, сваќајќи ги нивните мани, прифаќајќи ги, без употреба на физичка сила. Ваквиот тип на луѓе ја поседуваат љубовта којашто може да ја инспирира довербата и вербата во луѓето.

Доблесната великодушност е слична со облеката којашто луѓето ја носат. Без разлика колку и да сте добри во срцето, ако сте голи однадвор, луѓето ќе ве гледаат со презир. Слично на ова, без разлика колку и да сме љубезни, не можеме навистина да ја покажеме вредноста на нашата љубезност ако не ја поседуваме доблесната великодушност. На пример, една личност е љубезна одвнатре, но кажува многу непотребни нешта во својата комуникација со другите луѓе. Таквата личност нема некои зли намери кога го прави тоа, но поради таа своја постапка не успева во здобивањето на доверба од другите, бидејќи тие си помислуваат дека таа не е правилно воспитана или образувана. Некои луѓе немаат лоши чувства бидејќи ја поседуваат љубезноста и не им создаваат никакви штети на другите луѓе. Но ако не се ангажираат активно во помошта кон другите или пак ако тоа го прават на еден деликатен начин, ќе им биде навистина тешко да ги придобијат срцата на луѓето.

Цвеќињата коишто немаат убави бои или убава миризба не можат да привлечат пчели или пеперутки кон нив, иако во себе можеби имаат доста нектар. Слично на тоа, иако сме толку многу љубезни и можеме да го поддадеме и другиот образ ако сме удрени, нашата љубезност не може вистински да засјае сè додека не ја воспоставиме доблесната великодушност во нашите зборови и дела. Вистинската љубезност се постигнува и може да си ја покаже својата вистинска вредност само тогаш, кога внатрешната љубезност ќе ја облече надворешната облека на доблесната великодушност.

Јосиф ја поседувал таквата доблесна великодушност. Тој бил единаесетиот син на Јакова, таткото на целиот Израел. Тој бил замразен од страна на своите браќа и бил продаден како роб во Египет, уште на многу млада возраст. Но со помош на Бога тој станал премиер на Египет, уште на возраста од триесет години. Египет бил во тоа време претставувал многу јака нација, којашто била центрирана околу реката Нил. Тоа претставувало едно од најголемите 'колевки на цивилизацијата'. Владетелите и луѓето кои што живееле таму биле многу горди поради својата припадност, па навистина било многу тешко за еден странец да постане премиер на таа земја. Ако покажел било каква мана и недостаток, ќе морал веднаш да се повлече од функцијата.

Дури и во таква ситуација, Јосиф многу мудро владеел со Египет. Тој бил љубезен и скромен, и во своите дела и зборови не покажувал никаква грешка. Тој исто така ги поседувал и мудроста и гордоста кои што еден владетел мора да ги има. Тој ја поседувал моќта којашто била веднаш после онаа на кралот, но не се обидел да доминира над луѓето, ниту да се пофали поради тоа. Тој бил строг кон самиот себеси, но бил многу великодушен и нежен кон другите луѓе. Поради тој факт, кралот и другите министри не морале да имаат резерви и да бидат претпазливи кон него, ниту пак да му бидат љубоморни заради позицијата; тие ја покажале целата своја доверба кон него. Ова можеме да го заклучиме по топлото добредојде коешто му било искажано на семејството на Јосиф, коешто се преселило во Египет, напуштајќи ја својата земја Ханаан, за да избегаат од периодот на гладот.

Јосифовата Љубезност Била Придружена Со Доблесната Великодушност

Ако една личност ја поседува оваа доблесна великодушност, тоа значи дека таа има широко срце и дека таа никогаш не би им судела или би ги осудувала другите луѓе поведена според своите стандарди, па дури и да е во право, во своите зборови и дела. Овие Јосифови карактеристики биле убаво претставени во моментот кога неговите браќа, кои што го имаат продадено во ропство во Египет, дошле во Египет за да најдат храна.

Во почетокот браќата не можеле ниту да го познаат својот брат Јосиф. Тоа е разбирливо бидејќи го немале видено повеќе од дваесет години. Уште повеќе, тие не можеле ниту да претпостават дека тој станал премиер на Египет. Па да видиме што почувствувал Јосиф, кога ги видел своите браќа кои што за малку ќе го убиеле и на крајот го продале во ропство во Египет? Тој имал сила да може лесно да направи тие да платат за своите гревови. Но Јосиф немал желба да се освети. Тој го скрил својот идентитет и ги истестирал во неколку наврати, за да види дали нивните срца се исти како и во минатото.

Јосиф всушност им ја дал шансата да се покајат за своите гревови, пред Бога и пред себеси, бидејќи гревот да се испланира убивањето и продавањето на својот сопствен брат во ропство, не било минорно нешто. Тој не направил само онака неселективно да им прости или да ги казни, туку ја водел целата ситуација кон тоа да им овозможи на своите браќа самите да се покајат за своите гревови. Кога на крајот неговите браќа се сетиле на својата грешка и се покажале со своите гревови, тој им го открил својот вистински идентитет.

Во тој момент, неговите браќа почувствувале страв. Нивните животи биле во рацете на нивниот брат Јосиф, кој што во тој момент бил премиер на Египет, на најсилната нација на земјата, во тоа време. Но Јосиф немал желба да ги праша зошто тие го направиле сето тоа. Тој не им се заканил кажувајќи им, „Сега ќе морате да платите за своите гревови." Наместо тоа, тој се обидел да ги утеши и да им олесни. „А сега, не жалостете се, ниту лутете се на себеси поради тоа што ме продадовте тука, бидејќи Бог ме испрати пред вас тука, за да ви го запазам животот ваш" (Битие 45:5).

Тој го признал фактот дека сè се случувало според планот на Бога. Јосиф не само што им простил на своите браќа од длабочината на своето срце, туку исто така се обидел да им ги утеши нивните срца кажувајќи им трогателни зборови, со коишто го изразувал своето целосно разбирање. Ова значи дека Јосиф покажал такво дело што можело дури и непријателот да го трогне, што претставува надворешна доблесна великодушност. Јосифовата љубезност придружена со доблесната великодушност била изворот на силата преку којашто можел да спаси многу животи, во и околу Египет, и претставувала основа да го исполни прекрасниот Божји план. Како што е понатаму објаснето, доблесната великодушност е надворешното изразување на внатрешната љубезност којашто можела да ги придобие срцата на голем број луѓе, покажувајќи многу голема сила.

Осветувањето Е Неопходно За Да Се Поседува Доблесната Великодушност

Исто како што внатрешната љубезност може да биде постигната преку осветувањето, доблесната великодушност исто така може да биде искултивирана кога ќе го отфрлиме злото и кога ќе станеме осветени. Се разбира дека една личност, дури и да не го достигне осветувањето, може да биде способна да покаже доблесни и великодушни дела до еден одреден степен, преку едуцирањето или поради тоа што била родена со широко срце. Но вистинската доблесна великодушност може да произлезе од срцето коешто е осободено од сето зло и коешто ја следи само вистината. Ако сакаме во целост да ја искултивираме доблесната великодушност, тогаш нема да биде доволно само да ги искорениме главните корења на злото во нашите срца. Ние ќе мораме да ги отфрлиме дури и најмалите остатоци и траги на злото (1 Солунјани 5:22).

Цитирано е во Матеј 5:48, „Затоа треба да бидете совршени, како што е совршен вашиот Отец Небесен.“ Кога ќе ги имаме отфрлено сите видови на злото од нашите срца и ќе станеме безгрешни во нашите зборови, дела и однесување, тогаш ќе можеме да ја искултивираме љубезноста во којашто голем број на луѓе ќе може да се одмораат. Поради оваа причина ние не смееме да бидеме задоволни кога конечно ќе го достигнеме нивото каде што сме ги отфрлиле злите мисли како што се омразата, зависта, љубомората, ароганцијата и нервозата. Исто така мораме да ги отфрлиме дури и најмалите недела на телото и да ги покажеме делата на вистината преку Словото Божјо и преку ревносните молитви, добивајќи го водството од страна на Светиот Дух.

Што се тоа недела на телото? Римјаните 8:13 ни кажува, „...бидејќи ако живеете според телесното, ќе морате да умрете; но ако преку Духот ги умртвувате делата на телото, ќе бидете живи.“

Зборот тело во наведениот случај не се однесува едноставно само на нашето физичко тело. Телото духовно се однесува на телото на човекот откако вистината ќе истече од него. Затоа делата на телото се однесуваат на делата коишто доаѓаат од невистината што го исполнила човештвото коешто се изменило во телесното. Делата на телото ги вклучуваат не само евидентните гревови, туку исто така и сите видови на несовршените дела или делувања.

Во минатото имав едно чудно искуство. Кога и да допрев некој објект, јас секогаш чуствував како да сум доживеал електричен шок и во грч си го свиткував телото. Потоа почнав да се плашам било што да допрам. Природно, потоа пред да допрам нешто, јас во себе го имав умот на молитвата којшто го повикува Господа. Таквите искуства не ми се повторуваа ако ги допирав објектите на еден внимателен начин. Кога ја отварав вратата, многу нежно ја држев

Карактеристиките На Љубовта

квлата. Морав да бидам навистина внимателен дури и при ракувањето со другите членови на црквата. Тој феномен продолжи да ми се случува во наредните неколку месеци, па моето однесување стана навистина внимателно и нежно. Подоцна сватив дек Бог на тој начин ги усовршил моите дела на телото, низ ваквите чудни искуства.

Можеби некој ќе го смета тоа за нешто тривијално, но однесувањето на еден човек е нешто што е многу важно. Некои луѓе според обичајот којшто си го изградиле, ги допираат луѓето до нив, додека се смеат или зборуваат. Некои пак зборуваат со многу силен глас без оглед на времето и местото, предизвикувајќи со тоа нелагодност кај другите луѓе. Ваквото однесување не претставува некоја голема грешка, но секако претставува несовршено недело на телото. Оние луѓе кои што ја имаат доблесната великодушност поседуваат едно правилно однесување во секоја ситуација од својот живот, па затоа многу луѓе сакаат да контактираат со нив, наоѓајќи мир и одмор во односот со нив.

Променете Го Карактерот На Срцето

Следно што треба да направиме е да го искултивираме карактерот на нашето срце за да можеме да ја поседуваме доблесната великодушност. Карактерот на срцето се однесува на големината на самото срце. Во согласност со карактерот на срцето, некои од луѓето прават повеќе од она што се очекува од нив, додека други пак ги исполнуваат само оние задачи коишто им се зададени или пак прават дури и помалку од тоа. Човекот кој што ја поседува доблесната великодушност го има карактерот на срцето кое што е големо и широко, па така таа личност не се грижи толку за своите лични интереси, туку повеќе се грижи за интересите на другите луѓе.

Филипјаните 2:4 кажува, „Не грижете се само за своите

интереси, туку и за интересите на другите луѓе.“ Овој карактер на срцето може да стане различен во зависност од тоа колку широко ќе го отвориме своето срце во сите ситуации, така што ќе можеме да го измениме низ постојаните напори коишто ќе ги вложуваме. Ако со нетрпение се грижиме само за своите сопствени интереси, тогаш треба многу подетално да се молиме и да си го измениме нашиот тесноумен поглед во еден поширок, којшто ги зема во предвид и интересите и околностите на другите луѓе.

Сé додека не бил продаден во ропство во Египет, Јосиф растел како што растат растенијата и цвеќињата коишто се во стаклениците. Тој не можел да се грижи за секоја случка во куќата или да ги земе во предвид околностите коишто ги засегаат неговите браќа, кои што не биле сакани од страна на нивниот татко. Сепак низ различните испитувања, тој на крајот го изградил срцето со кое може да ги набљудува и да ги земе во предвид сите нешта од неговото опкружување, учејќи како да ги земе во предвид и срцата на другите луѓе околу него.

Бог го проширил срцето на Јосифа, припремајќи го за времето кога ќе стане премиер на Египет. Ако успееме да го постигнеме ваквиот вид на карактер на срцето заедно со безгрешното срце, можеме исто така и да се справиме и да спроведеме најголема организација на нештата. Тоа е доблест којашто секој водач мора да ја поседува.

Благословите За Љубезните

Какви видови на благослов ќе им бидат дадени на оние личности кои што ја постигнале совршената љубезност, со тоа што ги отфрлиле сите видови на зло од своите срца и кои што ја искултивирале надворешната доблесна великодушност? Како што е кажано во Матеј 5:5, „Блажени се кротките, бидејќи ќе ја наследат земјата,“ и во Псалм 37:11, „Но скромните ќе ја наследат земјата и

Карактеристиките На Љубовта

ќе уживаат во изобилниот напредок," тие можат да ја наследат земјата. Под зборот земјата се подразбира местото за живеење во Кралството Небесно, а под фразата наследување на земјата се подразбира „уживањето во големата сила којашто ќе ја имаат на Небесата во иднина."

Зошто ќе уживаат во големиот авторитет којшто ќе го имаат на Небесата? Една љубезна личност успева да ги зајакне душите на другие луѓе преку срцето на нашиот Бог Отец и да им ги трогне нивните срца. Колку што една личност стане понежна, толку повеќе души ќе бараат да најдат мир и одмор во нејзиното присуство и ќе бидат поведени кон патот на спасението, од нејзина страна. Ако можеме да постанеме така големи луѓе во кои што другите ќе можат да најдат одмор, тоа значи дека ќе можеме да им служиме на другите до едно многу големо ниво. Небесните авторитети ќе им бидат дадени на оние кои што им служат на другите луѓе. Матеј 23:11 кажува, „Но најголемиот од вас ќе биде ваш слуга."

Согласно со тоа, една нежна личност ќе биде во можност да ужива во големата сила и да наследи широка и голема земја на своето место за престој, кога ќе стигне на Небесата. Дури и на оваа земја, оние кои што ја имаат големата сила, богатство, реноме и авторитет, обично се следени од страна на голем број луѓе. Но ако изгубат сѐ што поседувале, тие тогаш го губат најголемиот дел од својот авторитет и голем број на луѓе кои што ги имаат следено пред тоа, ги напуштаат. Духовниот авторитет којшто ја следи љубезната личност се разликува од оној кој што постои на овој свет. Тој ниту исчезнува, ниту се изменува. На оваа земја, како што напредуваат душите, така и нивниот успех напредува во сè. Слично на тоа, на Небесата, таквите личности ќе бидат засекогаш многу сакани од страна на Бога, и ќе бидат респектирани од страна на голем број на души.

3. Љубовта Не Е Љубоморност

Некои одлични студенти си ги организираат и собираат своите забелешки за прашањата коишто претходно не ги исполниле на тестот. Тие ги испитуваат причините зошто не успеале да ги решат тие прашања на прав начин и се обидуваат да ги сватат во целост, пред да продолжат понатаму со учењето. Тие кажуваат дека ваквиот метод е многу ефективен за учењето на предметите коишто ги сметаат за тешки, а треба да ги научат за еден краток временски период. Ваквиот ист метод може да се примени и кога ја култивираме духовната љубов. Ако во детали си ги преиспитаме нашите дела и зборови и ако постепено си ги отфрлиме нашите недостатоци, тогаш ќе бидеме во можност да ја постигнеме духовната љубов за еден краток временски период. Да ја погледнеме сега следната карактеристика на духовната љубов—'Љубовта Не Е Љубоморност'.

Љубомората се јавува кога чувството на љубоморна горчина и несреќа многу бргу расте и кога ќе се направат неко зли дела кон некоја личност. Ако во нашите умови го имаме чувството дека сме љубоморни и чувствуваме завист, тогаш тоа значи дека во себе ги поседуваме болните чувства ако видиме дека некој друг е пофален или фаворизиран. Ако некоја личност има повеќе знаење од нас, подобрата е и покомпетентна од нас, или ако некој од нашите колеги стане понапреден и се здобие со наклоноста од голем број на луѓе, тогаш ние можеме да ја почувствуваме зависта. Понекогаш ние можеби и ќе ја замразиме таа личност, посакувајќи да ја измамиме и да ѝ земеме сѐ што поседува, изгазувајќи ја до крај.

Од друга страна пак можеме да се почуствуваме обесхрабрено помислувајќи си, „Тој ја има наклоноста од другите луѓе, а што имам јас? Јас сум никој и ништо!" Со други зборови, ќе се почувствуваме обесхрабрени поради тоа што ќе се споредиме со нив. Кога ќе се почувствуваме обесхрабрени, некои од нас можеби ќе помислат дека тоа не е љубомора. Но љубовта се радува на вистината. Тоа значи дека ако во себе ја имаме вистинската љубов, ние ќе се радуваме заради напредокот на другите луѓе. Ако почнеме да се чувствуваме обесхрабрено и да се прекоруваме себеси, или да не се радуваме на вистината, тогаш сето тоа се должи на фактот што нашето его или 'себе' е сеуште активно. Бидејќи нашето 'себе' е живо, тогаш нашата гордост ќе биде повредена, ако почувствуваме дека сме помалку вредни од другите луѓе.

Ако умот на зависта почне да расте и ако потоа излезе надвор во вид на грешни зборови и дела, тогаш тоа е љубомората за која што зборува Поглавието на Љубовта. Ако љубомората се развие во еден сериозен облик, тогаш една личност може да повреди некоја друга или дури и да ја убие. Љубомората е надворешното откровение на злото и на валканото срце, па сходно на тоа тешко е за оние личности кои што ја имаат љубомората во своите срца, да го достигнат спасението (Галатјаните 5:19-21). Сето тоа се должи на фактот што љубомората е евидентно делување на телесното, коешто претставува грев којшто е видливо извршен однадвор. Љубомората може да биде карактеризирана во неколку различни категории.

Љубомората Во Романтичните Врски

Љубомората е испровоцирана да почне да делува, кога една личност која што е во врска посакува да добие повеќе љубов и наклоност од другата личност. На пример, двете жени на Јакова, Лија и Рахил биле љубоморни една на друга и секоја од нив посакувала да добие повеќе наклоност од страна на Јакова. Лија и Рахил биле сестри, и двете биле ќерки на Лабана, Јаковиот вујко.

Јаков ја оженил Лија како резултат на измамата којашто ја направил неговиот вујко Лабан, без оглед на својата желба. Јаков всушност ја сакал помладата сестра на Лија, Рахил, и успеал да ја добие за жена после 14 годишната служба кај неговиот вујко. Од самиот почеток Јаков ја сакал Рахил повеќе од Лија. Но Лија му изродила четири деца, додека Рахил не била во состојба да има деца.

Во тоа време било срамно за една жена да не може да има деца, па Рахил постојано чувствувала љубомора кон својата сестра Лија. Таа била толку многу заслепена од својата љубомора, што му создавала потешкотии на својот маж Јаков, исто така. „Дај ми деца, инаку ќе умрам" (Битие 30:1).

И Рахил и Лија му ги дале своите слугинки на Јакоба, да му бидат конкубини, наложници кои што ексклузивно ја добивале неговата љубов. Ако во своите срца ја негувале барем и малку вистинската љубов, тогаш тие би се радувале кога другата би добивала повеќе наклоност од страна на нивниот маж. Љубомората ги направила сите – и Лија, и Рахил, и Јаков – несреќни. Дури додатно, таа имала влијание и на нивните деца исто така.

Љубомората Кога Ситуацијата Е Посреќна За Некои Други Луѓе

Аспектот на љубомората кај секоја личност се разликува во согласност со вредностите на животот кај секоја од нив. Но обично кога другата личност е побогата, има повеќе знаење и кога е покомпетентна од нас, или пак кога добива повеќе наклоност и љубов од другите луѓе, тогаш може да ни се јави чувството на љубомора. Не е тешко да се најдеме себеси како сме во љубморни ситуации на училиште, на работното место и дома, кога љубомората доаѓа поради чувството дека некоја друга личност е во подобра ситуација од нас. Кога една личност напредува и е понапредна од нас, можеби ќе почнеме да ја мразиме таа личност и да кажуваме клевети против неа. Дури можеби ќе помислиме дека треба да газиме по другите луѓе за да постигнеме да бидеме понапредни и да добиеме повеќе наклоност од другите.

На пример, некои луѓе ги откриваат маните и недостатоците на дугите личности кои што работат заедно со нив, предизвикувајќи со тоа да тие личности бидат под неправеден сомнеж и испитување од страна на постарите работници, бидејќи посакуваат токму самите тие да бидат личностите кои што ќе ја промовираат компанијата. Дури ниту помладите студенти не се исклучок од ова правило. Некои од студентите им сметаат на оние кои што академски напредуваат или пак насилнички се однесуваат кон оние студенти, што ја добиваат наклоноста од страна на учителот. Во домот можеме да видиме како децата се клеветат и како се караат со своите браќа и сестри, за да се здобијат со поголемо признавање и наклоност од страна на своите родители. Некои други пак го прават истото за да се здобијат со поголем дел од наследството и имотот на своите родители.

Таков бил случајот со Каина, првиот убиец во човечката историја. Бог ги прифатил само понудите од страна на Авела. Каин се почуствувал занемарен и омаловажен, па поради тоа љубомората почнала неконтролирано да расте во него, доведувајќи го во ситуација да си го убие својот сопствен брат Авел. Тој мора да имал многу пати чуено до страна на своите родители, Адама и Ева, за жртвувањето на крвта од животните, па сигурно бил многу добро запознат со тоа. „И во согласност со Законот, може да се каже дека скоро сé се прочистува преку крвта, и без пролевањето на крвта, не може да има проштевање"

(Евреите 9:22).

Тој сепак понудил жртва само од жетвата на своите полиња кои што ги одгледувал. За разлика од него, Авел со сето свое срце ја понудил жртвата на првороденото јагне, во согласност со волјата на Бога. Некои можеби ќе кажат дека не му било тешко да понуди таква жртва бидејќи бил пастир, но тоа не е вистина. Тој ја научил волјата на Бога од своите родители и сакал да ја следи Неговата волја. Поради оваа причина Бог ја прифатил само жртвата на Авела. Каин станал љубоморен на својот брат, жалејќи поради својата грешка. Кога веќе еднаш бил запален пламенот на љубомората во неговото срце, тогаш тој не можел да биде изгаснат и на крајот го повел кон убиството на својот брат Авел. Колку ли болка мора да почуствувале Адам и Ева поради овој настан!

Љубомората Помеѓу Браќата Во Верата

Неко верници се љубоморни едни на други поради тоа што другите се понапредни од нив во редот и позицијата, верата или верноста кон Бога. Ваквиот феномен обично се случува кога другиот е на слична возраст со нив, на слична позиција и заедно имаат слично време проведено како верници, или пак кога многу добро ја познаваат другата личност.

Како што е кажано во Матеј 19:30, „И мнозина кои што се први ќе бидат последни; а оние кои што се последни, ќе бидат први", понекогаш оние кои што се помалку од нас во годините во верата, кои што се помлади од нас и кои што ја имаат помалата црковна титула, можеби ќе напредуваат повеќе од нас. Тогаш може да ни се јави силно чувство на љубомора кон нив. Таквиот вид на љубомора не постои само помеѓу верниците во една иста црква. Може да се случи да се појави помеѓу пасторите и црковните членови, помеѓу црквите, или пак дури и помеѓу различните Христијански организации. Кога една личност му ја оддава славата на Бога, сите би требало заедно да се радуваат заради тоа, но наместо тоа тие почнуваат да се клеветат едни со други, кажувајќи дека другите се еретици, за да го постигнат рушењето и уништувањето на името и респектот на другите луѓе и организации. Што можат родителите да почувствуваат ако нивните чеда постојано се караат и се мразат едни со други? Дури и да добиваат добра храна и третман од нив, тие нема да бидат среќни. Па ако верниците кои што се исто чедата на Бога, почнат да се караат и тепаат едни со други, или ако се појави љубомора помеѓу некои цркви, сето тоа може кај Господа само да создаде една голема тага и жалост.

Сауловата Љубомора Кон Давида

Саул бил првиот Израелски крал. Тој си го потрошил животот во љубомора кон Давида. За Саула, Давид бил како витезот во сјаен оклоп којшто је спасил државата. Кога моралот кај нивната војска толку многу паднал поради заплашувањето од страна на Голијата Филистиецот, Давид направил стеловит напредок победувајќи го Филистинскиот шампион само со еден удар на прачката. Ова дело ѝ донело победа на Израелската војска. Од тој момент па натаму, Давид изведувал некои заслужни обврски, бранејќи ја земјата од нападите на Филистинците. Во тој момент се родил проблемот помеѓу Саула и Давида. Саул начул нешто кое што предизвикало голема вознемиреност кај него, кога толпата што го пречекувала Давида, кој што се враќал од извојуваната победа на бојното поле. Тие викале, „Саул ги уби неговите илјада војници, а Давид неговите десетици илјади" (1 Самуел 18:7).

Саул се чувствувал многу нелагодно и си помислил, „Како можат да ме споредуваат мене со Давида? Па тој не е ништо друго освен момче пастир!"

Неговиот гнев ескалирал како што продолжувал со размислувањето во врска со оваа забелешка. Тој не помислувал дека е право луѓето да го фалат името на Давида толку многу, па оттогаш понатаму, тој бил сомнителен во врска со секое негово делување. Саул веројатно помислувал дека Давид делувал на тој начин, за да ги придобие срцата на луѓето, на своја страна. Од тогаш врвот на стрелата на Сауловиот гнев бил насочен кон Давида. Тој си помислил, 'Ако Давид веќе ги има здобиено срцата на луѓето, тогаш само е прашање на време кога ќе дојде до побуна против мене!'

Како што растеле неговите мисли во врска со ова, така Саул само очекувал погодна прилика за да може да го убие Давида. Во една прилика, Саул страдал од злите духови, па Давид му засвирел на харфа за да му помогне. Тогаш Саул ја искористил ситуацијата и го фрлил своето копје кон него. За среќа Давид се наведнал и го избегнал нападот, бегајќи потоа од местото. Но Саул не се откажал во својата намера да го убие Давида и постојано го бркал, заедно со неговата војска.

И покрај сето тоа, Давид немал желба да го повреди Саула, бидејќи знаел дека кралот бил помазаник од страна на Бога, а кралот Саул знаел за сето тоа. Но пламените јазици на Сауловата љубомора која што се разгорела, не се изгасиле. Саул постојано страдал од некои вознемирувачки мисли кои што се подигале од неговата љубомора. Сè додека не бил убиен во една битка со Филистинците, Саул не можел да се смири, поради чувството на љубомора кое што го имал кон Давида.

Оние Кои Што Биле Љубоморни На Мојсеја

Во Броеви 16, можеме да прочитаме за Кореја, Датана и за Авирона. Кореј бил Левит а Датан и Авирон биле од племето

Рувимово. Тие му се лутеле на Мојсеја и на неговите браќа и на помошникот Арон. Тие биле огорчени и замерувале заради фактот што Мојсеј бил принцот на Египет, а сега ги водел како да е бегалец и пастир на Мадијамците. Гледајќи од друг агол, тие всушност сакале самите да станат водачи наместо него. Затоа направиле договор со некои луѓе, за да ги придобијат кон својата група.

Кореј, Датан и Авирон собрале 250 луѓе кои што ќе ги следат и си помислиле дека на тој начин ќе можат да ја превземат власта. Тие отишле кај Мојсеја и Арона и почнале расправија со нив. Тие кажале, „Доста имате отидено, бидејќи сета конгрегација е света, секој еден од нив, и ГОСПОД е помеѓу нив; па зошто тогаш се воздигате себеси над собранието на ГОСПОДА?" (Броеви 16:3)

Иако тие не се воздржувале во спротиставувањето кон него, Мојсеј ништо не им кажал за возврат. Тој само клекнал да му се помоли на Бога, обидувајќи се да им укаже на нивните грешки, замолувајќи го Бога за Неговиот суд. Во тоа време Божјиот гнев веќе бил подигнат кон Кореја, Авирона и Датана и кон другите луѓе кои што биле со нив. Земјата ја отворила својата уста и Кореј, Датан и Авирон, заедно со своите жени, синови и дечиња, потонале живи во Шеолот. Од ГОСПОДА исто така се спуштил оган којшо ги проголтал двеста и педесетте луѓе кои што му понудувале темјан.

Мојсеј не предизвикал никакво зло кон овие луѓе (Броеви 16:15). Тој само се трудел колку што може да биде добар водач на луѓето. Низ некои знаци и чудеса, кои што се случувале одвреме навреме, тој докажувал дека Бог е со нив. Тој им ги покажал Десетте Страдања коишто се случиле во Египет; направил да го поминат Црвеното Море по сува земја, разделувајќи го морето на два дела; од карпите им дал вода за пиење и им ја дал маната и препелиците како храна, кога биле во дивината. Дури и тогаш, тие го клеветеле и застанале против него, кажувајќи дека се обидува да се воздигне себеси пред нив.

Бог исто така им дозволил на луѓето да видат дека е голем грев да му бидат љубоморни на Мојсеја. Судењето и осудата на човекот кој што бил поставен од страна на Бога е исто што и судењето и осудата на Самиот Бог. Затоа не смееме да си дозволиме да невнимателно критикуваме некои цркви или организации кои што оперираат во името на Господа, кажувајќи дека тие се еретски или погрешни. Бидејќи сите претставуваме браќа и сестри во Бога, љубомората помеѓу нас претставува еден голем грев пред Бога.

Љубомората За Нештата Коишто Се Безначајни

Дали можеме да добиеме нешто ако сме љубоморни? Секако дека не! Можеби ќе бидеме во состојба да ставиме некои луѓе во тешки ситуации и можеби ќе изгледа дека ќе излеземе понапред од нив, но всушност нема да можеме ништо да добиеме. Јаков 4:2 кажува, „Пожелувате а немате; па извршувате убиство. Завидувате и не можете да добиете; па затоа се карате и препирате.“

Наместо љубомората, земете го во предвид она што е запишано во Јов 4:8, „Во согласност со она што сум го видел, оние кои што ораат нечесност и сејат зло, тоа и го жнеат.“ Злото коешто го правите ви се враќа назад како што тоа го прави бумерангот.

Како одмазда за злото кое што го сеете, можете да се соочите со некои катастрофи во вашата фамилија или на работното место. Како што е кажано во Изреки 14:30, „Смиреното срце е живот за телото, а страста е гнилеж за коските“, љубомората единствено резултира во самоповредување, па затоа е во целост бесмислена. Затоа ако ја имате желбата да бидете пред другите луѓе, ќе морате да му се обратите на Бога, кој што контролира сé, наместо да ја трошите својата енергија во мислите и делата на љубомората.

Се разбира, вие нема да можете да добиете сé што ќе побарате. Во Јаков 4:3, е кажано, „Барате а не добивате, бидејќи со лоши мотиви барате, за да можете да го потрошите за вашата похота." Ако барате нешто коешто би го потрошиле за ваше лично задоволство, нема да можете да го добиете тоа, бидејќи тоа не е волјата на Бога. Во повеќето случаи луѓето бараат некои нешта, следејќи ја својата похота. Тие бараат богатство, слава и моќ, за да си удоволат на себеси и на својата гордост. Ова ми причинува да се чувствувам многу нажален, во текот на моето свештенствување. Вистинскиот, прав благослов не е богатството, славата или моќта, туку просперитетот на душата на личноста.

Без разлика колку многу нешта имате и уживате во нив, каква ќе ви биде користа од нив, ако не го добиете спасението? Она што треба да запаметиме е дека сите нешта на оваа земја ќе исчезнат како утринската магла. 1 Јован 2:17 кажува, „Овој свет поминува а исто и неговите похоти; но оној кој што ја исполнува волјата Божја живее засекогаш," и Еклизијаст 12:8 кажува, „'Суета над суетите', кажува Проповедникот, 'сé е суета!'"

Се надевам дека вие нема да им бидете љубоморни на вашите браќа и сестри врзувајќи се за некои бесмислени нешта од овој свет, туку ќе го имате срцето коешто е право во очите на Бога. Тогаш Бог ќе им одговори на желбите на вашето срце и ќе ви го даде вечносто Кралство Небесно.

Љубомората И Духовните Желби

Луѓето веруваат во Бога но сепак стануваат љубоморни, бидејќи во себе ја имаат малата вера и љубов. Ако имате недостаток на љубов за Бога и ако во себе ја имате малата вера во Кралството Небесно, тогаш вие можете да станете љубоморни заради добивањето на богатството, славата и моќта, тука на овој свет. Ако во себе ја имате цеосната сигурност за правата на чедата Божји и за граѓанското право во Небесата, тогаш вашите браќа и сестри во Христа ќе ви бидат многу поскапоцени од вашата фамилија на овој свет. Сето тоа се должи на фактот што вечно ќе живеете со нив, кога ќе бидете на Небесата.

Дури и неверниците кои што го немаат прифатено Исуса Христа се скапоцени и тие се оние кои што треба да ги поведеме кон Кралството Небесно. Базирајќи се на оваа вера, додека ја култивираме вистинската љубов во нас, ќе можеме да ги засакаме ближните како што се сакаме самите себеси. Тогаш, кога на другите ќе им биде добро, ние ќе бидеме среќни исто како да ни е и на нас исто така добро. Оние кои што ја имаат вистинската вера во себе не ги посакуваат бесмислените нешта кои што му припаѓаат на овој свет, туку се обидуваат да бидат што повредни во работата за Господа, за да можат со сила да се здобијат со Небесното Кралство. Имено, тие во себе ќе ги имаат духовните желби.

Од деновите на Јована Крстител па сé до сега, Кралството Небесно насила се зема и силните го грабаат (Матеј 11:12).

Духовните желби се многу поразлични од љубомората. Важно е да се има желбата, ентузијазмот и верноста во работата за Господа. Но ако таа страст ја премине линијата, одалечувајќи се од вистината, или пак ако предизвикува спрепнување кај другите луѓе, тогаш таа не може да биде прифатлива. Ако сме ревносни во нашата работа за Господа, би требало да се грижиме за потребите на луѓето околу нас, да ја посакуваме користа за нив и да го бараме мирот со секој од нив.

4. Љубовта Не Е Фалбаџиство

Постојат луѓе кои што постојано се фалат самите себе. Нив не им е важно како другите можеби ќе се чуствуваат кога ќе го слушаат нивното фалбаџиство. Тие само сакаат да се фалат во врска со она што го имаат, додека го бараат признанието од другите. Јосиф, кога бил на младешка возраст, се фалел поради еден свој сон. Тоа предизвикало омраза кај неговите браќа. Бидејќи тој бил сакан од страна на својот татко на еден специјален начин, тој не успеал вистински да го свати срцето на своите браќа. Подоцна тој бил продаден како роб во Египет и поминал низ многу испитувања за на крајот да ја искултивира духовната љубов во себе. Пред да ја искултивираат духовната љубов во себе, може да се случи луѓето да го нарушат мирот којшто го имаат со своите ближни, фалејќи се и воздигајќи се себеси. Поради тоа Бог ни кажува, „Љубовта Не е Фалбаџиство.“

Едноставно кажано, да се фалиме себеси, значи да се покажуваме себеси. Обично, луѓето сакаат да бидат признаени ако имаат или ако прават нешто што другите немаат. Кој ефект би го постигнале со едно такво фалбаџиско однесување?

На пример, некои родители се многу помпезно и фалбаџиски настроени поради тоа што на нивното дете многу добро му одат студиите. Тогаш може да се случи некои од луѓето да се радуваат заедно со нив, но можеби поголемиот број од нив ќе почувствуваат повреда на нивната гордост и ќе почнат да развиваат негативни чувства поради тоа. Тие тогаш одејќи дома, можеби ќе ги прекорат свое деца без некоја посебна причина. Без разлика колку добро вашето дете учи, ако во себе ја негувате добрината, грижејќи се за чувствата на другите луѓе, вие никогаш не би се фалеле во врска со тоа. Ако ја имате таа добрина во своето срце, тогаш би посакувале да на детето на вашиот сосед исто така добро му одат студиите, и ако тоа се случи, вие радосно би му кажале комплимент во врска со тоа.

Оние луѓе кои што се фалбациски настроени, исто така ја имаат и тенденцијата да не ги признаваат и пофалуваат добрите дела коишто се направени од страна на другите луѓе. Тие тогаш ќе се обидуваат да на било кој начин ги деградираат нивните дела, помислувајќи дека нивниот напредок може да биде засенет, ако делата на другите луѓе почнат да добиваат признанија. Ова е еден од начините на којшто фалбациството може да доведе до проблеми. Фалбациското срце, делувајќи на овој начин, многу се оддалечува од вистинската љубов. Можеби некој помислува дека со фалењето може да ја постигне својата афирмација, но всушност тоа само доведува до тешкотии во примањето на искрениот респект и љубов од страна на луѓето. Тоа само може да доведе до завист и инает којшто ќе биде насочен против вас. „Вие се фалите поради вашата ароганција; таквото фалење е зло" (Јаков 4:16).

Фалбациската Гордост На Животот Доаѓа Од Љубовта За Овој Свет

Зошто луѓето се фалат? Тоа е затоа што во себе ја имаат фалбациската гордост на животот. Фалбациската гордост на животот се однесува на „природата на фалењето на себеси, во согласност со задоволствата на овој свет." Сето тоа доаѓа поради љубовта за овој свет. Луѓето обично се фалат за нештата коишто ги сметаат за важни во животот. Оние луѓе кои што имаат пари, ќе се фалат заради парите коишто ги имаат, а оние кои што сметаат дека надворешниот изглед е многу важен, ќе се фалат во врска со него. Имено, тие ги ставаат парите, надворешниот изглед, славата или социјалниот статус, пред важноста на Бога.

Еден од членовите на нашата црква имаше многу добри бизнис зделки, продавајќи компјутери на деловните конгломерати од

Кореја. Тој сакаше да го прошири својот бизнис. Тој доби разни кредити и ги инвестираше во франшиза за интернет кафе и за интернет емитување. Тој воспостави компанија со почетен капитал од две милијарди вони, што е приближно на два милиона американски долари.

Но враќањето на средствата беше бавно а загубите почнаа да се зголемуваат, за да на крајот компанијата заврши со банкрот. Неговата куќа беше дадена на аукциска продажба, а луѓето на кои што им должеше пари постојано го бараа. Беше приморан да живее по малите апартмани во подрумите или на крововите од зградите. Тогаш почнал да размислува за својот поминат живот. Тој сватил дека во себе ја имал желбата да се фали за својот успех и дека имал алчност за пари. Тогаш сватил дека на луѓето околу него им создавал тешкотии, поради ширењето на бизнисот над неговоте можности.

Кога во целост се покаја пред Бога, внесувајќи го во покаанието целото свое срце и отфрлајќи ја својата алчност, тој стана среќен човек иако почна да работи како чистач во канализациската мрежа и на септичките јами. Бог ја согледал неговата ситуација и му го покажал правиот пат да започне нов бизнис, па така што тој сега чекори по правиот пат, а неговиот бизнис е многу успешен.

1 Јован 2:15-16 кажува, „Не сакајте го светот ниту нештата во него. Ако некој го сака светот, Ако некој го сака светот, во него не пребива љубовта на Отецот. Бидејќи сето што е на овој свет, похотата на телесното и похотата на очите, како и фалбациската гордост на животот, не се од Отецот, туку се од овој свет.“

Језекија, тринаестиот крал на Јужна Јудеја, бил прав во очите на Бога и исто така го очистил Храмот. Тој преку молитва успеал да ја надмине инвазијата од страна на Асирија; кога се разболел, тој низ солзи му се молел на Бога и си го продолжил животот за 15 години. Но сепак во него останала фалбациската гордост на животот. Откако се опоравил од болеста, Вавилон ги испратил своите дипломати кај него.

Језекија бил многу среќен да ги прими и да им го покаже својот богат дом. Ги покажал среброто, златото, зачините и скапоценото масло, дури и целото свое вооружување, како и сé друго што го имал во ризницата. Токму поради ваквото негово фалење, Јужна Јудеја била нападната од страна на Вавилон и сите нејзини богатства ѝ биле одземени (Исаија 39:1-6). Фалењето доаѓа од љубовта за овој свет и значи дека личноста која што се фали, во себе ја нема љубовта за Бога. Значи за да се искултивира вистинската љубов, треба да се отфрли фалбациската гордост на животот од срцето.

Фалењето Во Господа

Постои еден вид на фалење којшто е добар, а тоа е да се фалиме во Господа, како што е споменато во 2 Коринтјани 10:17, „Оној кој што се фали, во Господа да се фали.“ Да се фалиме во Господа, значи да ја оддаваме славата на Бога, така што колку повеќе го правиме тоа, толку подобро. Добар пример за таквото фалење е 'сведоштвото'.

Павле кажал во Галатјаните 6:14, „Да не ми даде Господ да се фалам со ништо друго, освен со крстот на нашиот Господ, преку кого светот ми бил распнат, и јас на светот.“

Како што кажал, се фалиме со Исуса Христа кој што не спасил и ни го дал Небесното Кралство. Ние бевме осудени на вечната смрт поради нашите гревови, но благодарение на Исуса, кој што платил за нашите гревови со тоа што бил распнат на крстот, ние се здобивме со вечниот живот. Колку благодарни треба да бидеме за тоа!

Поради оваа причина, апостолот Павле се фалел со своите слабости. Во 2 Коринтјани 12:9 е кажано, „И [Господ] ми кажа, 'Доволна ти е Мојата благодет, бидејќи силата се усовршува во слабоста.' Затоа, поврво би се фалел со моите слабости, за силата на

Карактеристиките На Љубовта

Христа да може да пребива во мене."

Всушност, Павле изведувал толку многу знаци и чудеса, поради што луѓето постојано им ги носеле шамивчињата и престилките коишто биле допрени од него, на болните луѓе, по што тие веднаш оздравувале и биле излекувани. Тој има направено три мисионерски патувања, после кои повел многу души кон Господа, основал многу цркви, на голем број места. Но тој постојано кажувал дека тој не е оној кој што ги направил сите тие нешта. Единствено нешто со коешто се фалел била благодетта Божја и силата на Господа, којашто му овозможила да го направи сето тоа што го направил.

Голем број на луѓе во денешно време, ги даваат своите сведоштва за тоа како го сретнале и го доживеале живиот Бог во нивните секојдневни животи. Тие ни кажуваат за љубовта на Бога, објаснувајќи како го добиле излекувањето од некои болести, како добиле финансиски благослов и мир во семејството, кога почнале искрено да го бараат Бога и кога почнале да ги покажуваат делата на својата љубов за Него.

Како што е кажано во Изреки 8:17, „Ги сакам оние кои што Мене Ме сакаат; а оние кои што вредно Ме бараат, ќе Ме најдат," луѓето се благодарни за искусувањето на големата љубов Божја и заради неа се здобиле со големата вера, што значи дека се здобиле со духовен благослов. Таквото фалење во Господа ја оддава славата на Бога и ја засадува верата и животот во срцата на луѓето. Правејќи го тоа луѓето натрупуваат Небески награди, па тогаш и на желбите на нивните срца ќе им биде бргу одговорено.

Но ние мораме да бидеме многу внимателни во врска со една работа тука. Некои луѓе само кажуваат дека му ја оддаваат славата на Бога, а всушност само сакаат да го објават она што го имаат направно и да добијат внимание од страна на луѓето. Тие индиректно укажуваат дека биле во состојба да ги примат благословите, поради своите вложени напори. Така што само изгледа дека му ја оддаваат славата на Бога, а всушност тие си ја оддаваат славата на самите себеси. Сатаната ќе подигне обвиненија против таквите луѓе. Сопственото фалење на крајот ќе биде разоткриено; тогаш тие може да се соочат со најразлични видови на искушенија и испитувања, или пак ако никој не им даде признание за нивните дела, може да се случи и да се отргнат од Бога.

Римјаните 15:2 ни кажува, „Секој од нас е должен за добро да му угодува на ближниот свој, поради своето просветување.“ Како што е кажано, треба постојано да зборуваме заради просветувањето на своите ближни и да се обидуваме да им ја всадиме верата и животот во нив. Исто како што водата се прочистува низ филтер, исто така и ние би требало да имаме еден вид на филтер за нашите зборови пред да ги искажеме, помислувајќи за тоа дали нашите зборови ќе ги просветат или ќе ги повредат нашите слушатели.

Да Се Отфрли Фалбаџиската Гордост На Животот

Иако луѓето можеби имаат многу работи за коишто би сакале да се пофалат, тие не можат вечно да живеат на оваа земја. По овој живот тука на земјата, секој од нас ќе оди или на Небесата или во Пеколот. На Небесата, дури и патиштата по коишто ќе газиме се направени од чисто злато, а богатството коешто е таму не може ниту да се спореди со тоа што е тука на земјата. Така што фалењето коешто го правиме тука на земјата е бесмислено. Исто така, ако некој дури и има многу големо богатство, слава, знаење и моќ, дали ќе може да се пофали со нив, ако му е судено да оди во Пеколот?

Исус кажал, „Зошто каква корист може да е за човека ако го придобие целиот свет, а на душата своја ѝ напакости? Или каков откуп ќе даде човекот за душата своја? Бидејќи Синот Човечки ќе дојде во славата на Својот Отец, со ангелите Свои и ќе му даде на секого според делата негови" (Матеј 16:26-27).

Фалењето на светот никогаш нема да може да го даде вечниот живот или сатисфакцијата. Наместо тоа, таквото фалење води кон бесмислените желби и кон уништувањето. Кога ќе го сватиме тој факт и кога ќе си ги исполниме своите срца со надежта за Небесата, ќе ја примиме и силата да ја отфрлиме фалбациската гордост на животот. Тоа е нешто слично на детето кое што лесно може да ја отфрли старата играчка, којашто не му е веќе толку вредна, кога ќе добие некоја нова. Кога ќе ја знаеме сјајната убавина на Небесното Кралство, нема повеќе да се приврзуваме, ниту да се бориме за добивањето на некои нешта, коишто му припаѓаат на овој свет.

Откако еднаш ќе ја отфрлиме фалбациската гордост на животот, ќе почнеме да се фалиме само за Исуса Христа. Тогаш нема да чувствуваме дека нешто коешто му припаѓа на овој свет е вредно за фалење, па ќе бидеме единствено горди на славата којашто вечно ќе ја уживаме во Небесното Кралство. Тогаш ќе се почувствуваме исполнети со радост којашто никогаш порано не сме ја дознале. Дури и да се соочиме со некои тешки моменти одејќи низ нашите животи, нема да почувствуваме никаква тежина. Ние само ќе му ја оддаваме благодарноста на Бога за Неговата љубов. На Бога кој што го дал Својот единороден Син за наше спасение, па заради тоа ќе бидеме исполнети со радост во било која ситуација во животот. Ако не ја бараме фалбациската гордост на животот, нема да се чувствуваме толку возвишено кога ќе ги примаме молитвите, ниту пак ќе бидеме толку обесхрабрени ако примиме некои забелешки во врска со нашата работа. Ние тогаш скромно ќе се проверуваме себеси кога ќе ги примаме молитвите и ќе оддаваме благодарност кога ќе ги примаме прекорите, обидувајќи се да се измениме на подобро.

5. Љубовта Не Е Арогантност

Оние кои што лесно кажуваат пофалби за себе, чуствуваат дека се подобри од другите луѓе и поради тоа стануваат арогантни. Ако нештата почнат добро да им одат, тогаш тие си помислуваат дека тоа е поради нивната добра работа и стануваат вообразени или мрзливи. Библијата не поучува дека едното од злата коишто Бог највеќе ги мрази е ароганцијата. Ароганцијата исто така е главната причина зошто луѓето ја имаат изградено Вавилонската Кула, со којашто сакале да се натпреваруваат со Бога, што всушност е и настанот поради кој Бог ги разделил јазиците.

Карактеристиките На Арогантните Личности

Една арогантна личност смета дека другите луѓе не можат да бидат подобри од неа и чувствува презир или непочитување кон нив. Таквата личност чувствува супериорност према другите луѓе, во сите аспекти на животот. Таквата личност се смета себеси за најдобра во сé. Таа презира, од висина ги гледа луѓето и се обидува да ги поучи за било кои нешта. Таа лесно го покажува однесувањето на ароганција кон оние кои што изгледаат помалку вредни од неа. Таквата личност понекогаш, поради својата обемна арогантност, ги омаловажува оние кои што ја имаат поучувано и водено во животот, и кои што се на функција повисока од нејзината, било да е тоа во бизнисот или во социјалната хиерархија. Таа не сака да послуша никаков совет, прекор или сугестија дадени од страна на нејзините претпоставени и постари. Таа би се жалела помислувајќи си во себе, „Мојот постар претпоставен ми го кажува тоа само заради тоа што самиот нема идеја за што всушност тука се работи," или кажува, „Јас знам сѐ и сѐ можам добро да направам."

Таквата личност обично предизвикува многу препирања и караници со другите луѓе. Изреки 13:10 кажува, „Од дрскоста произлегува само караница, а мудроста е со оние кои што примаат совети."

2 Тимотеј 2:23 ни кажува, „Избегнувај глупави и празни расправии, знаејќи дека тие изродуваат караници." Затоа е многу глупаво и погрешно да се помислува дека само вие самите сте во право.

Секоја личност има различна совест и знаење. Тоа е затоа што секоја индивидуа се разликува во она што го има видено, слушнато, доживеано и на што била поучена. Но големиот дел од знаењето на секоја личност обично е погрешно и дел од него исто така е и несоодветно складирано во умот. Ако знаењето се закоравило во една личност во текот на подолг временски период, тогаш се формираат самоправедноста и умствените рамки. Самоправедноста значи да се инсистира на тоа дека само вашето мислење е во право, а кога таа ќе се зацврсне, тогаш прераснува во умствена рамка. Некои луѓе ги формираат своите умствени рамки преку нивната индивидуалност или преку знаењето коешто го поседуваат.

Умствената рамка е како скелетот во човечкото тело. Таа ја формира формата на една личност и кога еднаш веќе ќе биде направена, потоа е многу тешко да се искрши. Повеќето од мислите кај луѓето доаѓаат од самоправедноста и од умствените рамки. Една личност која што го има чувството на инфериорност, реагира многу чувствително во случај другите луѓе да го покажат прстот на обвинувањето кон неа. Или како што оди поговорката, ако богатиот си ја поправи облеката, луѓето си помислуваат дека тој се фали со неа и си ја покажува. Ако некој пак употребува тежок речник со многу учени зборови, луѓето веднаш помислуваат дека тој се фали со своето знаење и дека од високо гледа на нив.

Јас научив од мојата учителка во основното училиште дека Статуата на Слободата се наоѓа во градот Сан Франциско. Јас живо се сеќавам дека таа ме учеше покажувајќи ми ја сликата и мапата на Сединетите Држави. Во раните 90-ти јас отидов во Соединетите Држави, за да предводам еден обединет оживувачки состанок. Дури тогаш сватив дека Статуата на Слободата всушност е лоцирана во Њујорк Сити.

За мене, Статуата на Слободата требаше да биде во Сан Фрнациско, така што не можев да разберам зошто беше во Њујорк. Јас ги прашав луѓето околу мене и тие ми кажаа дека таа всушност се наоѓа во Њујорк. Тогаш сватив дека еден дел од моето знаење, за кого што верував дека е точен, всушност не бил точен. Во тој момент, јас помислив дека сето знаење што го имам, може да биде погрешно исто така. Голем број на луѓе веруваат и инсистираат на нешта коишто не се точни.

Дури и кога не се во право, оние кои што се арогантни, не сакаат да го признаат тоа, туку и понатаму инсистираат на своите сваќања, па сето тоа може да доведе до караници. Но оние кои што се скромни личности, нема да влезат во караници, па дури и другата страна да не е во право. Дури и да се 100% сигурни дека се во право, тие сепак ќе си помислуваат дека можеби не се, бидејќи во себе немаат намера да победат во расправијата со другите лица.

Скромното срце ја поседува духовната љубов којашто ги смета другите луѓе за подобри. Дури и другите да се помалку среќни, помалку едуцирани или да имаат помалку важно место во општеството, ние со својот скромен ум, од длабочината на нашето срце ќе ги сметаме нив за подобри од нас. Ние би требало да ги сметаме сите души за многу скапоцени, бидејќи тие му се толку многу вредни на Исуса, кој што ја пролеал Својата крв за нив.

Телесната Ароганција И Духовната Ароганција

Ако една личност искаже такви надворешни делувања на невистината, фалејќи се себеси, парадирајќи наоколу и гледајќи ги луѓето од висина, тогаш таа многу лесно може да ја свати својата арогантност. Како што го прифаќаме Господа и ја спознаваме вистината, овие атрибути на телесната ароганција можат лесно да се отфрлат. Но спротивно на тоа, духовната ароганција не е лесна за препознавање и отфрлање. Што тогаш претставува таа духовна ароганција?

Како што присуствувате на црковните служби во текот на подолг временски период, вие почнувате да складирате голема количина на знаење на Божјото Слово. Вам можеби ќе ви бидат дадени и некои титули и позиции во црквата, или пак можеби ќе бидете избрани за водач. Тогаш во вашето срце можеби ќе почувствувате дека имате искултивирано огромна количина на Божјото Слово, што ќе биде доволно да си помислите, „Имам многу постигнато. Мора да сум во право за многу нешта!" Тогаш може да ви се случи да ги прекорувате, судите и осудувате другите луѓе, користејќи го Словото Божјо кое што ви е складирано како знаење во вашиот ум, помислувајќи си дека ја правите разликата помеѓу доброто и лошото во согласност со вистината. Некои од водачите на црквата си ја следат својата сопствена корист и ги кршат одредбите и редот којшто би требало да го одржуваат. По чинот на дефинитивното прекршување на редот во црквата на дело, тие си помислуваат, „Во ред е бидејќи сум на оваа позиција. Јас можам да бидам исклучок од тоа правило."

Таквиот возвишен ум е духовна ароганција.

Ако ќе ја исповедаме нашата љубов за Бога а го игнорираме редот и поредокот на Бога имајќи во себе возвишено срце, тогаш таквата исповест не е вистинита. Ако им судиме и ги осудуваме другите луѓе, тогаш не можеме да бидеме сметани за личности кои што ја имаат вистинската љубов. Вистината не поучува да гледаме, слушаме и зборуваме само за добрите нешта на другите луѓе.

Не зборувајте еден против друг браќа. Оној кој што зборува против својот брат, или му суди на својот брат, зборува против Законот и му суди на Законот; а ако му судите на Законот, тогаш вие не сте извршувач на Законот туку негов судија (Јаков 4:11).

Како се чуствувате кога ќе ги пронајдете слабостите на другите луѓе?

Цек Корнфилд во својата книга Уметноста На Простувањето, Љубезната Добрина И Мирот, пишува за различните начини на справување со штетните делувања.

„Во племето Бабемба од Јужна Африка, кога некоја личност делува неодговорно или неправедно, тогаш тие го ставаат во центарот на селото, осамено и непречено. Тогаш прекинуваат сите работни дејствија, и секој човек, жена и дете од селото се собира во круг околу таа личност која што е обвинета. Тогаш секоја личност од племето му се обраќа на обвинетиот, секој поеднинечно, присетувајќи се на добрите нешта кои што личноста од центарот ги има направено во текот на својот живот. Секој настан, секое доживување на коешто можат да се сетат, пристувајќи се точно на секој детал,

91

му се кажува на обвинетиот. Сите негови позитивни атрибути, добри дела, сила и љубезност внимателно се наведуваат во текот на долго време. Ваквата племенска церемонија често трае во текот на неколку денови. На крајот племенскиот круг се прекршува и се прави радосна прослава, каде што на личноста симболично и буквално й се посакува добредојде назад во племето.“

Низ овој процес, оние личности кои што имаат направено нешто лошо, успеваат да ја вратат својата самодоверба и одлучуваат да придонесат за добробитта на своето племе. Благодарение на ваквите уникатни судења, криминалот ретко се случува во нивното општество.

Кога ќе ги видиме грешките кај другите луѓе, треба да помислиме дали да им судиме и да ги осудиме заради тоа, или нашето милозливо и жалосно срце ќе преовлада над тоа. Преку применувањето на вавите стандарди ќе можеме да видиме колку сме успеале да ја искултивираме понизноста и љубовта. Преку константното преиспитување на самите себе, ние нема да бидеме задоволни со она што до сега го имаме постигнато и со фактот дека сме верници веќе долго време.

Пред една личност да стане осветена во целост, таа како и секоја друга личност во себе ја има природата којашто дозволува раст на ароганцијата. Затоа е многу важно да ги извлечеме корењата на природата на ароганцијата од себе. Ароганцијата може повторно да излезе во секој момент, освен ако не успееме во целост да ја искорениме, низ ревносните молитви. Тоа е нешто налик на плевелот, којшто постојано повторно расте, освен ако не е во целост извлечен сосе коренот од земјата. Имено, бидејќи грешната природа не е во целост отстранета од нашите срца, ароганцијата може повторно да се јави во умот, после долгиот период на животот во верата. Затоа треба постојано да се доведуваме во ситуацијата на понизност, како што тоа го прават чедата пред Господа, сметајќи ги другите за подобри од нас, борејќи се постојано да ја искултивираме духовната љубов.

Арогантните Луѓе Веруваат Во Себе

Навуходоносор ја отворил златната ера на Големото Вавилонско кралство. Во тоа време било направено едно од античките светски чуда, Висечката Градина. Тој се чувствувал навистина гордо, бидејќи во негово време биле направиле овие големи дела во целото негово кралство, и поради тоа што биле направени со неговата голема сила. Затоа тој направил своја статуа и ги терал луѓето да го обожуваат. Даниил 4:30 ни кажува, „Кралот рече, 'Не е ли величествен овој Вавилон, што јас самиот го изградив како престолнина на кралството, со силата на мојта моќ, за славата на моето величие?'“

Бог на крајот му дозволил да свати кој всушност е владетелот на светот (Даниил 4:31-32). Тој бил истеран од палатата, пасел трева како кравите и живеел живот како дивите животни во дивината, во текот на седум години. Што тогаш му значел неговиот престол? Ние не можеме ништо да добиеме, ако Бог не ни го дозволи тоа. На Навуходоносора му се вратил разумот после седум години. Тој тогаш ја сватил својата арогантност и го признал Бога. Даниил 4:37 наведува, „Сега јас, Навуходоносор, го славам, возвишувам и му ја оддавам честа на Кралот Небесен, бидејќи сите Негови дела се вистинити и сите Негови патишта правични, и Тој може да ги смири оние кои што чекорат во гордоста.“

Ова не се однесува само на кралот Навуходоносор. Некои

од неверниците во светот кажуваат, „Верувам во себе." Но за нив не е лесно да го совладаат светот. Постојат бројни проблеми во светот коишто не можат да бидат надминати со помош на човечките способности. Дури и најврвните научни знаења и технологии се бескорисни кога ќе се соочат со некои природни катастрофи како што се тајфуните и земјотресите, и некои други неочекувани несреќи.

Колкав број на болести не можат да се излекуваат ниту со примената и методите на модерната медицина? Но голем број на луѓе се потпираат само на себеси отколку да се потпираат на Бога, кога ќе се соочат со најразличните проблеми во својот живот. Тие се потпираат на своите мисли, искуство и знаење. Но кога ќе се случи да не бидат успешни во своите обиди и понатаму соочувајќи се со ваквите проблеми, тогаш тие почнуваат да кажуваат поплаки против Бога и покрај нивното неверување во Него. Сето тоа се должи на ароганцијата којашто пребива во нивните срца. Поради таа ароганција, тие не ги исповедаат своите слабости и не успеваат понизно да го признаат Бога.

Она што е навистина жално е фактот што некои од верниците во Бога, повеќе се потпираат на светот и на самите себеси, отколку на Бога. Бог посакува Неговите чеда да напредуваат и живеат во Неговата помош. Но ако немате волја да се понизите себеси пред Бога водени од својата ароганција, тогаш Бог не може да ви помогне. Тогаш нема да можете да бидете заштитени од непријателот ѓаволот или да просперирате во животот. Исто како што Бог кажува во Изреки 18:12, „Пред уништувањето срцето на човекот е возгордеано, но понизноста доаѓа пред честа," она нешто што ви предизвикува неуспеси и уништување е вашата аронганција.

Бог ги смета арогантните луѓе за глупави. Споредено со

Бога, кој што го направил престолот на Небесата и подножјето на земјата, колку ли е мало присуството на човекот? Сите луѓе биле создадени по ликот на Бога и сите се исти како чеда Божји, без разлика на нивните високи или ниски позиции во општеството. Без разлика за колку многу нешта се фалиме тука на овој свет, животот во овој свет претставува само еден момент во вечноста. Кога овој краток живот ќе дојде на крајот, тогаш на секого ќе му биде судено во присуство на Бога. Тогаш ќе бидеме возвишени на Небесата, во согласност со нештата коишто понизно сме ги направиле тука на земјата. Тоа е поради фактот што Господ ќе не возвиши, како што е кажано во Јаков 4:10, „Понизете се себеси во присуство на Господа, и Тој ќе ве возвиши."

Ако водата остане во една мала локва, таа ќе стагнира и ќе се расипе, па црвите ќе ја исполнат. Но ако непрестано се движи надолу, таа на крајот ќе стигне до морето и ќе им даде живот на голем број живи нешта. Ајде и ние да се понизиме себеси на истиот начин, за да можеме да станеме големи во очите на Бога.

Карактеристиките На Духовната Љубов I

1. Таа Е Трпелива

2. Таа Е Љубезна

3. Таа Не Е Љубоморна

4. Таа Не Се Фали

5. Таа Не Е Арогантна

6. Љубовта Не Делува Непристојно

’Манирите‘ или ’Бонтонот‘ се исправните начини на делување во едно општество, што подразбира начини и однесувања помеѓу луѓето. Видовите на културниот бонтон имаат различни варијанти и форми во нашето секојдневие, како што е бонтонот во нашата конверзација, во јадењето, или пак во однесувањето на јавни места, како што е театарот.

Соодветните манири се многу важен дел од нашите животи. Социјално прифатливите однесувања коишто се прифатливи за некое одредено место или прилика, обично оставаат многу поволен впечаток на другите луѓе. Спротивно на тоа, ако не покажеме соодветно однесување или ги игнорираме основните бонтон правила, тогаш можеме да предизвикаме нелагодност кај луѓето околу нас. Понатаму, ако кажеме дека сакаме некоја личност но делуваме непристојно кон неа, тогаш на таа личност ќе ѝ биде навистина тешко да поверува во нашата љубов.

Во Интернет Речникот на Мерием-Вебстер зборот ’непристоен‘ е објаснет како ’нешто што не е во согласност со стандардите коишто се соодветни за позицијата или животните услови на една личност‘. Тука исто така постојат многу најразлични видови на правилата на културно однесување во секојдневните животи, како што е поздравувањето и конверзацијата со другите луѓе. На наше изненадување, голем број од луѓето не се ни свесни дека делувале непристојно, дури и по нивното грубо однесување кон другите луѓе. Посебно ни е лесно да делуваме непристојно кон оние кои што ни се блиски. Тоа е така поради фактот што кога се чувствуваме удобно во односите со некои луѓе, тогаш кај нас се јавува тенденцијата да делуваме со грубост и неучтивост кон нив, без следењето на соодветните бонтон правила.

Но ако во себе ја поседуваме вистинската љубов, ние никогаш

не би се однесувале непристојно кон другите луѓе. Да претпоставиме дека имате еден многу вреден и убав скапоцен камен. Дали тогаш би се однесувале кон него без грижа? Вие би биле многу внимателни и претпазливи во ракувањето со него, за да не ви падне или да го оштетите или изгубите. На истиот тој начин, ако навистина сакате некоја личност, на колку скапоцен начин би требале да се однесувате кон неа?

Постојат две ситуации на непристојно делување: непристојноста пред Бога и непристојноста кон луѓето.

Непристојното Делување Кон Бога

Дури и помеѓу оние кои што веруваат во Бога и кажуваат дека го сакаат Бога, кога ќе ги видиме нивните дела и ќе ги чуеме нивните зборови ќе сватиме дека многумина од нив се многу далеку од сакањето на Бога. На пример, дремењето за време на службите е еден од најгрубите начини на непристојно однесување кон Бога.

Дремењето за време на богослужбите е исто како и дремењето во присуство на Самиот Бог. Би било навистина непристојно и грубо да се задреме во присуство на претседател на една држава или во присуство на Главниот извршен директор на некоја компанија. Тогаш колку понепристојно би било да се задреме пред Бога? Веројатно би било сомнително ако вие и понатаму се исповедате дека го сакате Бога. Или да претпоставиме дека се состанувате со некоја сакана личност и почнете да дремете во нејзино присуство. Како тогаш ќе можете да кажете дека навистина ја сакате таа личност?

Исто така, ако имате лични конверзации со луѓето до вас, за време на богослужбите, или ако сте занесени, тоа е исто така чин на непристојност. Ваквото однесување е индикатор којшто покажува дека обожувачот има недостиг на стравопочит и љубов кон Бога.

Таквото однесување исто така влијае и на проповедниците. Да претпоставиме дека еден верник зборува со личноста која што е до него, или пак има безработни мисли или се препуштил на дремката. Тогаш проповедникот може да се запраша дали неговата порака можеби не е доволно благодетна за слушање. Може да се случи да ја изгуби инспирацијата дадена од Светиот Дух, па да не биде во можност да проповеда со целосна исполнетост со Духот. Сите овие нешта на крајот ќе им создадат недостатоци и на другите верници исто така.

Истото важи и за напуштањето на светилиштето во текот на богослужбата. Се разбира, има некои доброволци кои што мораат да излезат за да ги исполнат своите обврски и да помогнат во одржувањето на богослужбата. Но сепак, освен во некои специјални прилики, најсоодветниот начин да се напушти службата би бил само кога таа ќе се заврши. Некои од луѓето си помислуваат, „Ние можеме само да ја чуеме пораката" и да си заминеме токму пред таа да заврши, но тоа значи дека сме делувале непристојно.

Богослужбата денеска е споредливо слична со жртвата сепаленица од Стариот Завет. Кога луѓето ги нуделе жртвите сепаленици, тие морале да ги исечат животните на делови и да ги спалат сите делови (Левит 1:9).

Во денешна смисла, ова значи дека треба да му ја понудиме на Бога целосната и соодветна богослужба, од почетокот до крајот, во согласност со одреден низ на формалности и процедури. Ние мораме да го следиме секој дел од богослужбата со сето срце, почнувајќи од тивката молитва па сé до завршувањето со благословот и Молитвата за Господа. Кога ги пееме песните пофалници или се молиме, или дури за време на понудата и објавата, ние мораме да го понудиме сето свое срце. Во официјалните црковни богослужби, во секој друг молитвен состанок, пофалница и богослужба, во богослужбите во ќелиите, секогаш мораме да ги понудиме со сето свое срце.

Да се обожува Бог со сето свое срце, како прво значи да не задоцниме на службата. Не е правилно да задоцните на некои состаноци кои ги имате закажано со луѓето, па тогаш колку непристојно е да задоцните на состанокот со Бога? Бог секогаш чека на местата за богослужба за да го прифати нашето обожување.

Затоа ние не би требале да доаѓаме токму пред почетокот на богослужбата. Добрите манири ни налагаат да дојдеме нешто порано и да се молиме во покајание, припремајќи се за службата. Понатаму, употребата на мобилните телефони за време на богослужбата, оставањето на децата да си играат наоколу за време на богослужбата, сето тоа е акт на непристојност и непочитување. Исто така цвакањето на мастика или јадењето на храна за време на богослужбата, спаѓаат во оваа категорија на делување непристојно.

Вашиот изглед за време на богослужбите е исто така многу важен. Нормално дека не е пристојно да се дојде во црква облечен во некои алишта за по дома или некоја облека којашто е наменета за работа. Сето тоа се должи на фактот што начинот на којшто се облекуваме е начин на којшто ја изразуваме нашата стравопочит и респект за другата личност со којашто се состануваме. Чедата Божји кои што вистински веруваат во Бога, знаат колку е скапоцен Бог. Па затоа кога доаѓаат да Го обожуваат, тие ги облекуваат најчистите и најубави алишта коишто ги имаат.

Се разбира дека може да има некои исклучоци од ова правило. Во службите во средите или во петочните целовечерни служби, голем број од луѓето доаѓаат директно од своите работни места. Бидејќи брзаат да стигнат на време за службата, тие доаѓаат облечени во своите работни алишта. Во овој случај, Бог нема да каже дека тие се понеле непристојно во таа ситуација, туку ќе се радува примајќи ја аромата од нивните срца, бидејќи се брзале да дојдат на богослужбата, иако се уморни од целодневната работа.

Бог посакува да има убаво другарување со нас, низ тие богослужби и молитви. Тоа се обврските коишто Божјите чеда мораат да си ги извршуваат. Специјално кога молитвата значи конверзација со Бога. Понекогаш се случува некоја личност да се брза некаде, па ги допира другите сакајќи да ја запре нивната молитва.

Тоа е нешто слично со прекинувањето на конверзацијата што луѓето ја имаат со своите постари членови. Ако сте среде молитва и ако некој ве повика и вие веднаш ги отворите очите и престанете да се молите, тоа исто така се смета за акт на непристојност. Ако тоа ви се случи, вие треба прво да ја завршите молитвата, па потоа да одговорите на повикот.

Ако го понудиме нашето обожување и молитва во духот и во вистината, тогаш Бог ќе ни возврати со благослови и награди. Тој многу бргу ќе одговори на нашите молитви. Тоа се должи на фактот што Тој со уживање ја прима аромата на нашето срце. Но ако ги натрупуваме непристојните делувања во текот на една година, две или повеќе, тоа ќе предизвика создавање на ѕид од гревови против Бога. Дури и во односите помеѓу мажот и жената или родителите и децата, ако односите се одвиваат без љубов, тогаш сигурно ќе се појават многу проблеми. Истата ситуација е и со Бога. Ако го изградиме ѕидот на гревот помеѓу нас и Бога, нема да можеме да бидеме заштитени од болестите и несреќите, па затоа можеме да се соочиме со најразлични проблеми во животот. Можеби нема да добиеме одговори на нашите молитви, дури и да се молиме во текот на подолг временски период. Но ако имаме добро прифатливо однесување во богослужбите и молитвите, ќе бидеме во можност да решиме голем број на различни проблеми.

Црквата Е Светата Божја Куќа

Црквата претставува место каде што пребива Бог. Псалм 11:4 ни кажува, „ГОСПОД е во Неговиот свет храм; ГОСПОДОВИОТ престол се наоѓа на Небесата."

Во времињата на Стариот Завет, не можел било кој да оди во светото место. Тоа право го имале само свештениците. Само еднаш годишно и само првосвештеникот можел да влезе во Местото на Светоста над Светиите, коешто се наоѓало во Светиот дел. Но денеска, според благодетта на нашиот Господ, секој може да влезе во светилиштето и да го обожува Бога. Сето тоа е поради тоа што Исус ни ги има откупено гревовите, преку Неговата света крв, како што е кажано во Евреите 10:19, „Затоа браќа, кога ја имаме довербата да влегуваме во светилиштето, преку крвта на Исуса Христа."

Светилиште не е само местото каде што се обожува. Секое делче коешто е во рамките на црквата, вклучувајќи го тука и дворот и другие објекти, е свето. Затоа каде и да се наоѓаме во црквата, би требало да внимаваме и на најмалите наши дела и зборови. Ние треба да внимаваме да не се налутиме и да влеземе во расправии, или да зборуваме за некои световни забави, додека сме во светилиштето. Истото тоа се однесува и на невнимателното ракување со светиите на Бога во црквата, и на оштетувањето, кршењето или загубувањето на светиите.

Најповеќе е неприфатливо купувањето или продавањето на некои нешта во црквата. Во денешно време кога постои интернет шопингот, некои луѓе купуваат он лајн производи и ги добиваат во црквата. Тоа секако претставува бизнис трансакција. Тука мораме да се присетиме на настанот кога Исус им ги превртел масите на менувачите на пари и ги избркал оние кои што продавале животни за чинот на жртвувањето. Тој не сакал да ги прими ниту животните коишто биле наменети за поднесување жртва сепаленица, ако тие биле продадени и купени во Храмот. Затоа не смееме да купуваме или продаваме било какви работи за лична потреба, кога ќе бидеме во црквата. Истото важи и за одржувањето пазари во црковните дворови.

Сите места во црквата треба да бидат поставени за обожувањето на Бога и за заедничарењето со браќата и сестрите во Господа. Кога многу често се молиме и имаме состаноци во црквата, би требале да бидеме многу внимателни да не станеме нечувствителни кон светоста на црквата. Ако ја сакаме нашата црква, ние нема да делуваме непристојно во неа, како што и запишано во Псалм 84:10, „Бидејќи еден ден во твојот двор е подобар од илјада надвор. Јас повеќе би сакал да стојам на прагот од куќата на мојот Бог, отколку да пребивам во шаторите на грешноста.“

Делувањето Непристојно Кон Луѓето

Библијата кажува дека тој кој што не си го сака својот брат, не може да го сака ниту Бога исто така. Ако делуваме непристојно кон другите луѓе кои што се видливи, како ќе можеме да искажеме целосен респект кон Бога, кој што не е видлив?

„Ако некој каже, 'Го сакам Бога,' а го мрази братот свој, лажливец е; затоа што ако не може да го сака братот свој кого што го видел, не може да го сака ниту Бога, кого што не го видел“ (1 Јован 4:20).

Ајде да погледнеме некои вообичаени случаи на непристојно однесување во нашите секојдневни животи, коишто многу лесно не успеваме да ги приметиме. Обично ако ја бараме само својата сопствена корист, без да помислиме на позицијата на другите луѓе, ќе можат да се случат многу чинови на непристојно однесување. На пример, кога ќе зборуваме со некого по телефон, постојат некои бонтон правила коишто мораме да ги следиме. Ако му се јавиме некому доцна навечер или ако го задржиме на телефонот со долгата конверзација, иако знаеме дека таа личност е многу зафатена со работа, тогаш ние со нашето однесување им причинуваме штета на тие луѓе. Да се задоцни на некој состанок или да се посети некоја личност без најава, или пак да се дојде кај некого без најава, исто така претставуваат случаи на неучтивост.

Некој можеби ќе помисли, „Ние сме навистина блиски и не е ли преформално да мислам на сите овие нешта во односите помеѓу нас?" Можеби навистина имате некоја многу добра врска со некоја личнот, разбирајќи ги сите нешта во врска со неа. Но сепак е навистина тешко да се разбере нечие срце 100%. Иако ние си помислуваме дека го искажуваме нашето пријателство кон некоја личност, тоа можеби не е сватено на ист начин и од другата страна. Поради тоа би требало да се обидуваме да мислиме за нештата гледано од нивна страна. Посебно би требало да не се однесуваме без пристојност и учитивост кон некоја навистина блиска и драга личност за нас.

Во многу случаи ние кажуваме некои невнимателни зборови или делуваме на невнимателен начин, повредувајќи ги или навредувајќи ги со тоа чувствата на луѓето кои што ни се најблиски. На тој начин се случува да се однесуваме кон некои членови на нашето семејство или кон навистина блиските пријатели, што понатаму може да доведе до затегање и влошување на односите помеѓу вас. Некои постари личности ги третираат луѓето од помлада возраст или оние кои што се на пониските позиции од нив, со доза на непристојност. Тие им се обраќаат без респект или пак во обраќањето се поставуваат заповеднички, правејќи со тоа тие луѓе да се чуствуваат нелагодно.

Денеска е многу тешко да се најдат луѓе кои што им служат со целото свое срце на своите партнери, на своите учители и на постарите личности, на кои што секако би требало да им служиме. Некои можеби ќе кажат дека околностите се измениле, но постојат некои нешта коишто никогаш не се менуваат. Левит 19:32 ни кажува, „Пред седо лице стануваj и почитуваj му ја возраста, и почитуваj го длабоко твоjот Бог; затоа што Јас сум ГОСПОД, вашиот Бог.“

Волјата на Бога е ние да ги исполнуваме нашите должности во целост, дури и помеѓу луѓето. Божјите чеда исто така би требало да го зачувуваат законот и редот на овоj свет и да не дејствуваат непристојно. На пример, ако создадеме непријатности кога сме на jавно место, плукајќи на улица или прекршувајќи ги сообраќаjните правила, тоа претставува акт на непристоjност кон многу луѓе. Ние сме Христијани коишто би требало да бидат светлото и солта на светот, па сходно на тоа би требало да бидеме многу внимателни во кажувањето на нашите зборови, во делата и однесувањето кон другите луѓе.

Законот На Љубовта Е Врвниот Стандард

Поголемиот броj на луѓе го поминуваат своето време во интеракција со другите луѓе, состанувајќи се и зборувајќи со нив, jадеjќи заедно со нив и работејќи заедно со нив. Заради тоа постоjат голем броj на културни бонтон правила во нашите секоjдневни животи. Но постоjат разлики во образованието на луѓето, помеѓу културите на народите и помеѓу различните раси. Па тогаш кои би биле стандардите за нашите манири?

Тоа би бил законот на љубовта коjашто се наоѓа во нашите срца. Законот на љубовта се однесува на законот на Бога, коj што jа претставува самата љубов. Имено, до она ниво до коешто ќе го втиснеме Словото Божjо во нашите срца и ќе го практикуваме, до тоа ниво ќе ги поседуваме атрибутите на однесувањето на Господа и нема да делуваме непристојно кон луѓето. Друго значење во законот на љубовта е терминот 'обзир'.

Еден човек се пробивал низ темнината на ноќта, носејќи ламба во едната рака. Друг човек патувал од спротивната насока кон него и кога ја видел ламбата којашто ја носел првиот, приметил дека тој бил слеп. Па го запрашал зошто ја носи ламбата кога не може да гледа. Слепиот човек му одговорил, „Ја носам за да ти не удриш во мене. Оваа ламба е наменета за тебе.“ Во оваа приказна можеме да почуствуваме нешто во врска со обзирноста.

Обзирот кон другите луѓе, иако можеби звучи тривијално, ја има огромната сила да ги допре срцата на луѓето. Непристојниот чин доаѓа од безобзирноста кон другите луѓе, што го покажува недостатокот од љубов. Ако навистина ги сакаме другите луѓе, ние секогаш би имале обзир за нив и не би се однесувале непристојно кон никого.

Ако во земјоделието се направи целосно отстранување на инфериорните растенија, тогаш овошките кои што го имаат целиот простор ќе израснат користејќи ги сите достапни хранливи материи, што ќе доведе до тоа да имаат дебела кора и нивниот вкус нема да биде баш најдобар. Ако го немаме обзирот кон другите луѓе, тогаш за момент можеби ќе можеме да ги користиме сите нешта коишто ни се достапни, но со текот на времето, тоа ќе не направи невкусни и тврдокорни луѓе, слично на растенијата коишто биле премногу исхранети.

Заради тоа Колосјаните 3:23 ни кажува, „Сѐ што правите, правете го со цело срце, како да го правите за Господа а не за луѓето,“ што значи дека треба да им служиме на сите луѓе на начинот на којшто му служиме на Господа, со еден краен респект.

7. Љубовта Не Ја Бара Сопствената Корист

Во овој современ свет, не е тешко да се види себичноста. Луѓето ја бараат сопствената корист а не доброто за целата јавност. Во некои држави можеме да видиме како некои бизнисмени ставаат штетни материи во млекото во прав, наменето за бебињата. Некои други пак ѝ предизвикуваат голема штета на својата земја, крадејќи технологија којашто е многу значајна за државата во која живеат.

Поради третманот на 'не е во мојот двор' проблем, на властите им е тешко да изградат некои јавни објекти, како што се депониите или јавните крематориуми. Луѓето не се грижат за добробитта на другите луѓе, туку само за својата сопствена добросостојба. Иако не на така екстремно ниво како во овие случаи, ние сепак можеме да најдеме многу себични дела иво нашите секојдневни животи.

На пример, некои колеги или пријатели одат заедно на ручек. Кога треба да изберат што ќе јадат, едниот од нив инсистира на јадењето коешто нему му се допаѓа. Друга личност ја следи желбата на првата, но чуствува нелагодност во себе. Друга пак секогаш прво прашува за мислењето на другите луѓе. Па откако ќе се нарача, без разлика дали ѝ се допаѓа таа храна или не, таа личност ја јаде храната со радост и уживање. Во која од овие категории припаѓате вие?

Една група на луѓе имаат состанок на којшто ќе се припремаат за некој настан. Сите имаат различни мислења. Една личност се обидува да ги наговори другите за својата опција, сé додека тие не се согласат со неа. Друга пак не инсистира многу на своето мислење, но ако не ѝ се допаѓа опцијата дадена од некој друг, тогаш таа прво покажува неволност, но на крајот сепак го прифаќа предлогот.

Друга пак личност ги слуша другите луѓе кога ги изложуваат своите мислења. Па иако идејата на другите се разликува од нејзината, таа личност ќе се обиде да ја следи без разлика на сè. Ваквите разлики кај личностите доаѓаат од количината на љубовта којашто пребива во срцата на луѓето.

Ако постои некој конфликт на мислења којшто води кон караници и расправии, сето тоа се должи на фактот што луѓето ја бараат својата лична корист, инсистирајќи само на своето сопствено мислење. Ако брачните личности инсистираат само на своите сопствени мислења, тогаш помеѓу нив постојано ќе има судири и тие нема да бидат во можност да имаат разбирање еден за друг. Тие би можеле да имаат мир во врската ако се запрат и се обидат да се сватат еден со друг, но мирот обично се губи поради нивното инсистирање на своите мислења.

Ако сакаме некоја личност, тогаш би требало да се грижиме за потребите на таа личност повеќе отколку за своите. Да ја земеме во обзир љубовта на родителите кон децата. Повеќето од родителите помислуваат прво за добробитта на своите деца отколку за себе. Така што мајките повеќе би сакале да чујат комплимент како што е „Твојата ќерка е многу убава," отколку „Ти си многу убава."

Тие се многу посреќни гледајќи ги своите деца како јадат вкусна храна, отколку да ја јадат самите. Исто така се посреќни да ги видат своите деца облечени во убава облека, отколку самите да ја носат истата. Родителите сакаат нивните деца да бидат поинтелегенти од нив самите. Сакаат да ги видат своите деца признаени и сакани од страна на луѓето. Ако успееме истата ваква љубов да им ја пружиме на сите наши ближни, колку ли среќен би бил Нашиот Бог Отец гледајќи не како го правиме тоа!

Карактеристиките На Љубовта

Авраам Со Љубов Ја Барал Корис За Другите Луѓе

Чинот да се ставаат интересите на другите луѓе пред вашите, доѓа од пожртвуваната љубов. Авраам бил добар пример за личност која што ги става интересите на другите луѓе пред своите.

Кога Авраам го напуштил својот роден град, неговиот внук Лот почнал да го следи. Лот исто така примил големи благослови благодарение на Авраама и имал многу животни, така што на крајот немало доволно вода за стадата на Авраама и на Лота. Понекогаш дури и доаѓало до кавги помеѓу пастирите на двете страни.

Авраам не сакал да го поремети мирот помеѓу нив, па му ја дал шансата на Лот да избере на која страна би сакал да оди, а тој самиот би тргнал на другата страна. Најважната работа во негувањето на стадата е квалитетот на тревата и на водата. Местата каде што престојувале немале доволно ниту трева, ниту вода, па препуштањето на земјата на друг, било нешто што го допирало самиот опстанок.

Авраам можел да има толку голем обзир за Лота, бидејќи навистина многу го сакал. Но Лот не ја сватил оваа Авраамова љубов; тој едноставно ја избрал подобрата земја, долината на реката Јордан и си заминал. Дали Авраам се почуствувал нелагодно гледајќи како Лот веднаш, без колебање, ја избира подобрата земја? Воопшто не! Тој бил среќен да го види својот внук како ја зема подобрата земја.

Бог го видел доброто срце на Авраама и го благословил дури и повеќе, откако си заминал на другата страна. Тој станал толку многу богат човек, што дури и кралевите од таа област му го искажувале својот респект. Како што е илустрирано

Љубов: Исполнување На Законот

тука, ние сигурно ќе се здобиеме со благословите од Бога, ако прво ја бараме користа за другите луѓе а не својата корист.

Ако им даваме нешто свое на своите сакани, радоста којашто ќе ја чуствуваме ќе биде поголема од било што друго. Тоа е таков вид на радост, која што можат да ја почуствуваат и разберат само оние луѓе, кои што им имаат подарено нешто навистина скапоцено на своите сакани. Исус уживал во таквата радост. Ваквата голема среќа можеме да ја поседувме само кога ќе ја искултивираме совршената љубов во себе. Навистина е тешко да им дадеме нешто на оние кои што ги мразиме, но воопшто не ни е тешко да им дадеме на оние кои што ги сакаме. Давајќи им ним, би почуствувале голема среќа.

Да Се Ужива Најголемата Среќа

Совршената љубов ни дозволува да уживаме во најголемата среќа. За да можеме да ја имаме совршената љубов каква што ја имал Исус, мораме да мислиме прво на другите луѓе пред да помислиме за себе. Пред себеси, своите ближни, Бог, Господ и црквата би требало да бидат наш приоритет, па ако го постигнеме тоа, Бог ќе се погрижи за нас. Тој ќе ни возврати со нешто подобро кога ќе ја бараме користа за другите пред нашата корист. На Небесата ќе ни бидат складирани нашите небесни награди. Поради тоа Бог ни кажува во Дела 20:35, „Поблагословено е да се дава отколку да се зема.“

Тука мораме да бидеме начисто во врска со една работа. Не смееме да си предизвикаме здравствени проблеми со нашето верно работење за Кралството Божјо, одејќи над нашите можности на физичка сила и издржливост. Бог ќе го прифати нашето срце ако се обидеме да бидеме верни над нашите можности. Но нашето физичко тело има потреба за одмор.

Исто така би требале да се грижиме за напредокот на нашите души, молејќи се, постејќи и учејќи го Словото Божјо, а не само работејќи и помаѓајќи во црквата.

Некои луѓе им создаваат непријатности или штети на членовите од своето семејство или на другите луѓе со поминувањето доста време на религиозните или црковни активности. На пример, нскои луѓе не можат добро да си ги извршуваат своите задачи на работните места, бидејќи се во период на пост. Некои студенти можат да си ги запостават своите студии заради партиципирањето на неделните школкски активности во црквата.

Во горенаведените случаеви, луѓето можеби ќе си помислат дека не ја барале сопствената корист, бидејќи вредно се посветиле на црковната работа. Но дали тоа е навистина така? И покрај фактот што работат за Господа, тие не се верни во сета Божја куќа, па затоа значи дека не ја исполниле во целост задачата на Божјите чеда. Значи дека и покрај сé, тие си ја барале само својата сопствена корист во тоа.

Што тогаш би требало да направиме за да го избегнеме барањето на својата корист? Мораме да се потпреме на Светиот Дух. Светиот Дух кој што е срцето на Бога, не води кон вистината. Можеме да живееме само за славата на Бога ако правиме сé според водството на Светиот Дух, токму како што апостолот Павле кажал, „И така, јадете ли, пиете ли или било што друго да правите, правете го сето тоа за славата на Бога“ (1 Коринтјаните 10:31).

За да бидеме во можност да го направиме сето тоа што е горе наведено, ќе мораме да го отфрлиме злото од нашите срца. Понатаму, ако ја искултивираме вистинската љубов во нашите срца, мудроста на добрината ќе дојде во нас, така што ќе бидеме способни да ја спознаеме волјата на Бога во секоја

Љубов: Исполнување На Законот

ситуација. Како што е горе наведено, ако нашите души добро напредуваат, тогаш сите нешта добро ќе ни одат и ние ќе имаме добро здравје, за да можеме да му бидеме верни на Бога во целосен обем. Ние исто така ќе бидеме сакани и од страна на нашите соседи и од членовите на нашата фамилија.

Кога луѓето ќе се венчаат, тие доаѓаат да ја примат мојата молитва за благослов, и јас тогаш се молам да секој од нив прво ја бара користа на својот партнер отколку својата. Ако случајно некој од нив почне да си ја бара прво својата корист, тогаш тоа ќе води кон фамилија во којашто нема да има мир.

Ние можеме да ја бараме користа за оние кои што ги сакаме или за оние кои што би ни биле подоцна од корист. Но што е со оние кои што постојано ни создаваат проблеми во секоја ситуација и кои што секогаш си го гледаат својот личен интерес? А што е со оние кои што ни прават штети или не повредуваат, или оние кои што не можат да ни донесат никаква корист? Како да делуваме кон оние кои што делуваат во невистината и кои што секогаш кажуваат злобни зборови?

Во таквите случаи, ако се обидуваме само да ги избегнуваме и ја немаме волјата да се жртвуваме за нив, тоа значи дека сепак ја бараме нашата сопствена корист. Ние мораме да бидеме способни да се жртвуваме себеси и да им овозможиме да се искажат дури и оние луѓе кои што имаат идеи сосема различни од нашите. Само тогаш ќе можеме да бидеме сметани за индивидуи кои што оддаваат духовна љубов.

8. Љубовта Не Е Испровоцирана

Љубовта позитивно го менува срцето кај човекот. Спротивно на тоа, гневот негативно влијае на срцето. Гневот го повредува и затемнува срцето кај човекот. Така што, ако чуствувате гнев, вие не можете да пребивате во љубовта Божја. Главните стапици коишто непријателот ѓаволот и Сатаната ги поставуваат за Божјите чеда се омразата и гневот.

Да се биде испровоциран не значи само да се биде налутен, да се вика, псуе и да се биде насилен. Ако ви се изобличи лицето, ако ви се смени бојата на лицето и ако ви се наруши начинот на зборување, сето тоа се делови со коишто се делува на провокацијата од некои луѓе. Иако магнитудата на делувањето се разликува од случај до случај, сепак тоа претставува надворешно изразување на омразата и нервозата во срцето. Но не смееме да на основа на надворешниот изглед на некој човек, одредиме и осудиме некого дека е разгневен. Тешко е за секого од нас, да го свати срцето на друга личност во целост.

Исус во една прилика ги истерал оние кои што продавале нешта во Храмот. Трговците ги поставиле масите и почнале да им менуваат пари или да им продаваат добиток на луѓето кои што дошле во Храмот во Ерусалим заради Пасхата. Исус бил многу нежна личност; Тој не се карал ниту викал, и никој не можел да го чуе Неговиот глас како извикува по улиците. Гледајќи ја оваа сцена, Неговото однесување се изменило и станало поинакво од вообичаеното.

Тој направил камшик од една врпца и ги истерал надвор овците, кравите и другите животни наменети за жртви сепаленици. Тој им ги превртел масите на менувачите на пари и на продавачите на гулаби. Кога луѓето околу Него го виделе ваквиот Исус, тие можеби си помислиле дека Тој е разгневен. Но Тој тогаш не бил лут поради тоа што бил совладан од страна на некои болни чувства како што е на пример омразата. Тој само чувствувал оправдана огорченост. Со ваквата Своја оправдана огорченост, Тој ни укажува на фактот дека неправедноста на сквернавењето на Храмот Божји, не може да се толерира. Ваквиот вид на праведна огорченост е резултат на љубовта за Бога, кој што ја усовршува љубовта преку Својата правда.

Разликата Помеѓу Праведната Огорченост И Лутината

Во Марко, глава 3, на денот на Сабатот, Исус излекувал еден човек во синагогата, кој што имал исушена рака. Луѓето го гледале Исуса за да видат дали Тој ќе го излекува човекот на денот Сабат, за да можат да го обвинат за прекршување на законот за Сабатот. Во тој момент Исус, знаејќи што се случува во срцата на луѓето ги запрашал, „Дали е според законот да човек прави добро за време на Сабатот или да прави лошо, да спаси живот или да убие?" (Марко 3:4)

Нивните намери биле откриени и тие веќе немале што да му кажат. Исусовиот гнев бил насочен кон нивните закоравени срца.

Откао ги погледна со гнев, натажен поради нивните закоравени срца, Тој му рече на човекот, „Протегни ја раката своја." Тој ја протегна и таа му стана здрава како и другата (Марко 3:5).

Во тоа време, злите луѓе само се обидувале да најдат начин како да го осудат и убијат Исуса, кој што изведувал само добри нешта. Па затоа Исус понекогаш употребувал силни изразувања кон нив. Сето тоа било направено само за да ги натера да сватат и се одвратат од патот на уништувањето. Слично на тоа, праведната огорченост на

Исуса произлегла од Неговата љубов. Ваквата огорченост понекогаш успева да ги разбуди луѓето и да ги поведе кон животот. Заради тоа некој да биде испровоциран и да има оправдана огорченост се две целосно различни нешта. Само тогаш кога една личност ќе стане во целост осветена и кога во себе ќе нема воопшто гревови, тогаш нејзините прекори и укажувања ќе им дадат живот и радост на душите. Но без осветувањето на срцето, една личност не може да го носи ваквиот плод.

Постојат неколку причини зошто луѓето стануваат разгневени и лути. Како прва причина е фактот што идеите на луѓето и она што тие го посакуваат се две нешта кои што се разликуваат помеѓу себе. Секоја личност има различно семејно потекло и образование, така што срцата и мислите и стандардите за расудување им се разликуваат едни од други. Но луѓето се обидуваат да ги натераат другите да им ги прифатат нивните идеи и во тој процес може да се случи да им се појават некои нервозни чувства.

Да претпоставиме дека мажот ја сака својата храна доста солена, додека за разлика од него, неговата сопруга не ја сака на тој начин. Жената тогаш може да каже, „Премногу сол не е добро за здравјето и би требало да консумираш помалку од неа.“ Таа ќе му го даде овој совет на својот маж, грижејќи се за неговото здравје. Но ако мажот не го сака тоа, таа не би требало да продолжи со инсистирањето. Тие и двајцата би требале да најдат начин на којшто ќе можат да си попуштаат еден на друг. На тој начин би можеле да си создадат едно навистина среќно семејство.

Како втора причина е фактот што една личност може да се налути кога другите луѓе не ја слушаат. Ако таа е постара личност којашто е на висока позиција, таа тогаш очекува другите да ѝ се покоруваат. Се разбира дека е право да се почитуваат постарите лица и да им се покоруваме на оние кои што се на водечките позиции во хиерархијата, но не е право тие луѓе да ги присилуваат луѓето кои што се на пониските позиции да им се потчинат исто така.

Постојат некои случаи каде што личностите кои што се на повисоките позиции во поредокот, воопшто не сакаат ниту да ги слушаат потчинетите лица, туку само очекуваат тие безусловно да им ги следат нивните зборови. Во другите случаи луѓето се разгневуваат кога ќе претрпат загуби или кога ќе бидат нефер третирани. Понатаму една личност може да се разгневи и разлути ако луѓето безразложно ја презираат и навредуваат, или кога нештата не се направени на оној начин на кој што таа посакувала или дала инструкции да бидат; или кога луѓето ја псујат или навредуваат.

Пред да се разлутат, луѓето веќе имаат некои нервозни чувства во своите срца. Зборовите или делата на другите ги стимулираат ваквите чувства. На крајот вознемирените чувства излегуваат од личноста како гнев. Обично имањето на ваквите вознемирени чувства е првиот чекор кон станувањето гневен. Ако станеме лути и разгневени, тогаш не можеме да пребиваме во љубовта на Бога и нашиот духовен раст ќе биде сериозно попречен.

Ние нема да можеме да се измениме со вистината сè додека ги имаме нервозните чувства, не смееме да дозволиме да бидеме испровоцирани и треба да го исфрлиме чувството на гнев од нас. 1 Коринтјаните 3:16 кажува, „Не знаете ли дека вие сте храм Божји и дека Духот Божји пребива во вас?"

Мора да сватиме дека Светиот Дух се наоѓа во нашето срце коешто е како Негов храм, па така Бог секогаш не надгледува, па затоа ние не смееме да дозволиме да бидеме испровоцирани, поведени од нервозата бидејќи некои нешта не се во согласност со нашите идеи.

Гневот На Човекот Не Може Да Ја Постигне Праведноста На Бога

Карактеристиките На Љубовта

Елисеј примил двојна порција од својот учител, па неговиот дух можел да изведува повеќе нешта со помош на Божјата сила. Тој на една неплодна жена ѝ го дал благословот на зачнувањето; оживеал мртва личност, ги лекувал лепрозните и ја победил непријателската армија. Тој ја сменил непитката вода во питка, само со ставањето сол во неа. Сепак умрел од болест, што претставува раритет за големите пророци на Бога.

Што би можело да биде причината за тоа? Тоа се случило кога тој отишол во Ветил. Група на млади момчиња излегла од градот и полнале да му се подбиваат, бидејќи тој немал многу коса и неговиот изглед не бил многу убав. „Оди си ќелавко; оди си ќелавко!“ (2 Кралства 2:23)

Групата на момчиња не се состоела од еден пар, туку од голем број на момчиња кои што му се подбивале и тој се почувствувал навистина засрамен поради тоа. Тој ги советувал да го остават и ги прекорувал заради подбивањето, но тие не сакале да го послушаат. Тие биле толку тврдоглави и му задавале толку многу потешкотии на пророкот, што тој не можел да го издржи тоа.

Вител бил како матична земја на идолопоклонството во Северниот Израел, по поделбата на нацијата. Момчињата кои што живееле во таа област мора да имале закоравени срца поради средината на идолопоклонството во коешто се наоѓале. Тие му го блокирале патот на Елисеја, плукале па дури и фрлале камења кон него. На крајот Елисеј ги проколнал. Тогаш излегле две мечки од блиската шумичка и убиле четириесет и две од нив.

Се разбире дека тие самите си ја донеле клетвата врз себе, задевајќи го човекот Божји над секоја граница, но тоа исто така докажува дека Елисеј во себе имал нервозни чувства. Затоа не е небитен фактот што тој умрел поради болест. Можеме да заклучиме дека не е право чедата Божји да дозволат да бидат испровоцирани. „Бидејќи човечкиот гнев не ја постигнува праведноста на Бога“ (Јаков 1:20).

Да Не Се Биде Испровоциран

Што би требало да направиме за да не се разгневиме? Дали би требале да го поттиснеме тоа чувство употребувајќи ја самоконтролата? Кога многу ќе ја притиснеме жицата, таа се здобива со голема повратна сила и отскокнува во моментот кога ќе ја пуштиме. Истото се случува и кога стануваме лути и разгневени. Ако само ја притиснеме надолу, можеби ќе успееме за момент да го избегнеме конфликтот, но кога тогаш таа ќе експлодира. Затоа за да не дозволиме да бидеме испровоцирани, ние мораме да се ослободиме од самото чувство на лутина. Ние не би требало само да го потиснеме тоа чувство, туку би требале да го смениме тоа чувство во чувството на добрина и љубов, така што нема ни да имаме потреба било што да сузбиваме.

Се разбира дека не можеме преку ноќ да ги отфрлиме нервозните чувства и да ги замениме со добрина и љубов. Мораме постојано и секојдневно да се обидуваме во тоа. Како прв чекор што би требале да го превземеме во една ситуација на провокација, би требале да ја оставиме ситуацијата во Божји раце и да бидеме трпеливи. Луѓето кажуваат дека во студијата на Томас Џеферсон, третиот Претседател на Соединетите Држави био запишано, „Кога ќе се разлутите, избројте до десет пред да почнете да зборувате; ако сте многу налутени, бројте до сто." А една Корејска поговорка гласи вака „ако три пати имаме трпение можеме да спречиме едно убиство."

Кога сме налутени, би требале да се повлечеме и да помислиме за тоа од каква корист би ни било да станеме гневни. Потоа нема да направиме нешто за што би можеле подоцна да се покаеме, ниту нешто заради коешто би можеле да се чувствуваме засрамени. Како што се обидуваме да бидеме трпеливи, читајќи ги молитвите и добивајќи ја помошта од Светиот Дух, насокоро потоа ќе бидеме во состојба да го отфрлиме злото чувство на самиот гнев од себе. Ако пред тоа сме се налутувале десетпати, бројот потоа ќе се намали на девет, осум и ќе продолжи да опаѓа. Подоцна во некои провокативни ситуации, ние во нас ќе чувствуваме само мир. Колку ли среќни ќе можеме да бидеме тогаш!

Изреки 12:16 says, „Глупавиот веднаш ќе го покаже гневот свој, а разумниот ќе го сокрие срамот," и Изреки 19:11 ни кажува, „Благоразумноста го прави човекот бавен на гневот, и во негова слава е ако ги превиди престапите."

На англискиот збор за „гнев" – 'anger' му недостасува само измена на првата буква во 'D', за да стане зборот „опасност" или на англиски – 'Danger'. Способни сме да сватиме колку е опасно да станеме гневни. Конечниот победник би била онаа личност која што ќе издржи до крај а да не се налути. Некои луѓе успеваат да не се разгневат кога се во црквата, користејќи ја самоконтролата, но затоа пак, тие многу лесно се разгневуваат кога се дома, кога се на школо или на своите работни места. Бог не постои само во црквата, туку е сеприсутен секаде.

Тој многу добро не познава и ни го знае секој наш збор и мисла. Тој секаде на гледа а Светиот Дух пребива во нашето срце. Затоа ние би требало да го живееме својот живот како да постојано стоиме пред Бога.

Кај еден венчан пар, мажот ѝ се развикал на жената да ја затвори својата уста. Таа била толку шокирана од тоа, па потоа целиот свој живот не ја отворила својата уста за да прозбори, сѐ до крајот на својот живот. И мажот, кој што го исфрлил темпераментниот излив на бес врз својата жена и жената многу страдале поради ова. Кога човек е испровоциран, тоа може да доведе до страдање на голем број луѓе, па затоа би требале да се бориме да ги отфлиме сите видови на нервозни чувства од себе.

9. Љубовта Не Се Осврнува На Претрпеното Лошо Дело

Во долгиот низ години додека го спроведував моето свештенствување, јас се среќавав со најразлични видови на луѓе. Некои луѓе веднаш, со самото помислување на Бога, ја чувствуваа Божјата љубов и почнуваа да леат солзи, додека други пак имаа проблем со тоа, не чувствувајќи ја Божјата љубов длабоко во своите срца, иако веруваа и го сакаа Бога.

Нивото на чувствувањето на љубовта на Бога се продлабочува во зависност од нивото до коешто сме ги отфрлиле гревовите и злото. До она ниво, до коешто живееме според Словото Божјо и го отфрламе злото од нашите срца, до тоа ниво можеме да ја чувствуваме Божјата љубов длабоко во срцата, без да имаме застој во растот во верата. Понекогаш можеби се соочуваме со некои потешкотии во нашиот марш во верата, но во тие случаи мораме да се присетиме на љубовта на Бога, кој што цело време не очекува. Ако се присетиме на Неговата љубов, тогаш нема да се осврнуваме на претрпените лоши дела.

Осврнувањето На Претрпеното Лошо Дело

Во својата книга Лечењето На Скриените Зависности Во Животот, Др. Арчибалд Д. Харт, поранешниот декан на Училиштето За Психологија на Фулеровото Богословно Училиште, кажува дека едно од четири млади лица во Америка се наоѓа во сериозна состојба на депресија, а дроѓите, сексот, интернетот, пиењето алкохол и пушењето се основните фактори коишто им ги уништуваат животите на младите луѓе.

Кога зависниците ќе престанат да ги употребуваат супстанциите коишто им го изменуваат начинот на размислување, нивните чувства и однесувања, тогаш тие можат да бидат оставени со мали или скоро никакви вештини на борба и справување со тешкотиите од животот. Заради тоа зависниците можат да се свртат кон некои други зависнички однесувања, коишто можат да им ја манипулираат мозговната хемија, за да најдат излез од таа ситуација. Таквите зависнички однесувања вклучуваат секс, љубов и врски помеѓу луѓето или претставено со англиската скратеница (SLR – sex, love and relationship). Тие во ништо не можат да добијат вистинско задоволство и исто така не можат ниту да ја почувствуваат благодетта и радоста коишто доаѓаат од односот со Бога, па сходно на тоа тие се наоѓаат во состојба на сериозно заболување, според кажувањето на Др. Харт. Зависноста всушност е обид да се добие сатисфакција во животот од некои други нешта, отколку да се бара во благодетта и радоста дадени од Бога и се појавува како резултат на игнорирањето на Бога. Еден зависник постојано размислува за претрпените нешта.

Тогаш што значи фразата претрпени нешта? Таа се осврнува на злите нешта коишто не се во согласност со волјата на Бога. Мислењето на злото, генерално може да се категоризира во три вида.

Првиот вид е вашето помислување и посакување да им се случи нешто лошо на другите луѓе.

На пример, да претпоставиме дека сте влегле во караница со некого. Тогаш, вие ќе ја мразите таа личност, помислувајќи си „Посакувам да се сопне и да падне." Исто така, да претпоставиме дека со вашиот сосед не сте биле во добри односи и потоа нешто му се случило на него. Тогаш си помислувате, „Убаво што му се случи тоа!" или „Знаев дека ќе му се случи такво нешто!" Или ако тоа им се случува на студентите, тогаш некој може да посака, некој од неговите колеги да не помине добро на испитот.

Ако во себе ја носите вистинската љубов, тогаш вие никогаш не би помислиле вакви нешта. Дали би им посакале на вашите сакани да бидат болни или да им се случи некаква несреќа? Вие секогаш би им посакувале на вашата драга жена или маж, да бидат здрави и да не им се случат никави несреќи. Поради фактот што во нашите срца ја немаме вистинската љубов, ние им посакуваме лошо на другите луѓе и се радуваме ако ги видиме несреќни.

Исто така посакуваме да ги знаеме беззаконијата или слабите точки на другите луѓе и да го рашириме озборувањето за нив, ако во себе ја немаме љубовта. Да претпоставиме дека сме отишле на некаков состанок и дека некој на тој состанок кажал лоши нешта за некоја друга личност. Ако почувствувате заинтересираност кај ваквата конверзација, тогаш треба да си го преиспитате своето срце. Ако некој кажува клетви за вашите родители, дали тогаш би сакале да го слушате тоа? Вие веднаш би ѝ кажале на таа личност да престане со озборувањето.

Се разбира, постојат случаи каде што би требало да ја познавате ситуацијата кај другите луѓе, заради желбата да им пружите помош. Но ако не е со таква намера, а вие сепак сакате да чуете лоши нешта за другите луѓе, тогаш тоа се должи на фактот дека вие посакувате да ги клеветите и озборувате другите луѓе. „Оној кој што ги сокрива престапите, ја бара љубовта, а оној пак кој што одново напоменува за нив, се оддалечува од блиските пријатели" (Изреки 17:9).

Оние луѓе кои што се добри и кои што ја имаат љубовта во своите срца, ќе се обидуваат да ги покријат грешките на другите луѓе. Исто така, ако во себе ја имаме духовната љубов, ние нема да чувствуваме љубомора или завист кога на другите луѓе ќе им биде добро. Ние тогаш би посакувале да ги видиме во благосостојба и да видиме како тие се сакани од страна на луѓето. Господ Исус ни кажал да ги сакаме дури и нашите непријатели. Римјани 12:14 ни кажува, „Благословувајте ги оние кои што ве прогонуваат; благословувајте и не колнете."

Вториот аспект на злите мисли е во врска со мислите на

судењето и осудата на другите луѓе.

На пример, да претпоставиме дека сте виделе некој верник како посетува места каде што верниците не би требало да одат. Тогаш какви мисли ќе имате во врска со тоа? Можеби ќе имате некои негативни мисли за него, сé до она ниво дури и злобно да си помислувате, 'Како може да прави такво нешто?' Или, ако во себе имате нешто добрина, можеби ќе се прашувате, 'Зошто тој би одел на такво место?', но потоа си го менувате мислењето, помислувајќи си дека тој мора да има оправдана причина за тоа.

Но ако во срцата ја имате духовната љубов, тогаш воопшто не би ги ни имале злите мисли во себе. Дури и да чуете некои нешта коишто не се добри за некоја личност, вие нема веднаш да си помислувате на судење и осуди за таа личност, туку би ги провериле нештата уште еднаш, пред да се одлучите на таков чекор. Како реагираат родителите кога ќе чујат некои лоши нешта за своите деца? Тие не ги прифаќаат со леснотија таквите неша и инсистираат на мислењето дека нивните деца не би направиле такво нешто. Тие веднаш си помислуваат дека личноста која што ги кажува таквите нешта е лоша. На истиот начин, ако навистина сакате некоја личност, ќе се обидувате да мислите за неа на најдобриот можен начин.

Но денеска можеме да видиме дека луѓето многу лесно имаат зли мисли за другите и кажуваат зли нешта за нив. Тоа не се случува само во личните врски, туку исто така луѓето ја имаат навиката да ги критикуваат оние кои што се на јавни позиции.

Тие не се ни обидуваат да ја согледаат целосната слика за тоа што навистина се случило и лесно се одлучуваат да шират неосновани гласини за некого. Поради агресивните одговори коишто се поставуваат на интернет, некои луѓе дури извршуваат самоубиство. Луѓето им судат и ги осудуваат другите личности базирајќи се на своите сопствени стандарди а не на Словото Божјо. Но каква е добрата волја на Бога?

Јаков 4:12 не предупредува, „Еден е Законодавецот и Судијата, кој што може да спаси или погуби; а кој си ти да можеш да го осудуваш ближниот свој?"

Само Бог може да биде вистинскиот судија. Имено, Бог ни кажува дека е зло да се судат и осудуваат нашите ближни. Да претпоставиме дека некоја личност навистина и јасно има направено нешто лошо. Во таквата ситуација, на оние кои што во себе ја имаат духовната љубов не им е важно дали таквата личност е во право или не. Тие само би мислеле што би било навистина од корист за таа личност. Тие само би посакувале душата на таа личност да биде напредна и да биде сакана од страна на Бога.

Понатаму, совршената љубов не е само да се покријат престапите на другите лица, туку и да им се помогне да се покајат заради нив. Ние исто така би можеле да ја поучуваме за вистината и да ѝ го допреме срцето на таа личност, така што таа веднаш ќе може да почне да работи на промената кај себеси. Ако во себе ја имаме совршената духовна љубов, тогаш нема да имаме потреба да се обидуваме да гледаме кон таквата личност со наклоност и добрина. Тогаш ние природно би ги сакале дури и личностите кои што имаат направено многу престапи. Би посакувале само да им ја покажеме нашата доверба и да им помогнеме. Ако во себе ги немаме мислите за судењето и осудата на другите луѓе, ние би биле среќни било кого да сретнеме во животот.

Третиот аспект е во сите мисли коишто не се во согласност со волјата на Бога.

Не само имањето зли мисли за другите луѓе, туку исто така и имањето некои мисли коишто не се во согласност со волјата на Бога, претставуваат злобни мисли. За луѓето во светот, кои што живеат според моралните стандарди и во согласност со совеста, се кажува дека живеат во добрината.

Но ниту моралноста, ниту совеста не можат да бидат апсолутен

Карактеристиките На Љубовта

стандард за добрината. И двата термина имаат многу нешта кои што се во спротивност или пак се целосно спротивни на Словото Божјо. Само Словото Божјо може да биде апсолутниот стандард за добрината.

Оние кои што го прифаќаат Господа, се исповедаат дека се грешници. Луѓето можат да се возгордеат себеси заради фактот дека живеат добри и морални животи, но според Словото Божјо, тие сепак сеуште се зли и сеуште се грешници. Сето тоа е поради фактот што сé што не е во согласност со Словото Божјо е зло и грев, а Словото Божјо претставува единствениот апсолутен стандард за добрината (1 John 3:4).

Што тогаш е разликата помеѓу гревот и злото? Во поширока смисла, и гревот и злото ја претставуваат невистината којашто е во спротивност со вистината, којашто е всушност Словото Божјо. Тие се темнината којашто е во спротивност со Бога, кој што е Светлината.

Но одејќи во повеќето детали за нив можеме да видиме дека тие навистина многу се разликуваат едни од други. Ако ги споредиме со дрвото, тогаш ’злото‘ е нешто налик на коренот којшто се наоѓа во земјата и не е видлив, а ’гревот‘ е нешто налик на гранките, листовите и плодовите од дрвото.

Без коренот, едно дрво не може да има гранки, листови или плодови. Слично на тоа, гревот е нешто коешто се реализира поради коренот на злото. Злото ја претставува природата којашто е во нечие срце. Природата на злото е тоа што е против добрината, љубовта и вистината на Бога. Кога ваквото зло ќе се манифестира во една специфична форма, тогаш таа фома се нарекува грев.

Исус рекол, „Добриот човек од ризницата на добрината на срцето свое го изнесува она што е добро; а злобниот човек од ризницата на злото го изнесува она што е зло; затоа што устата негова зборува понесена од она што му го исполнува срцето негово" (Лука 6:45).

Да претпоставиме дека една личност кажува некои нешта коишто повредуваат друга личност којашто таа ја мрази. Ова се случува кога злото во срцето на личноста се манифестира како 'омраза' и 'злобни зборови', што претставува еден специфичен грев. Гревот се реализира и специфицира во согласност со стандардот којшто се нарекува Словото на Бога, што всушност е заповедта Божја.

Без законот никој не би можел никого да казни, бидејќи нема да постојат стандарди за расудување и судење. Слично на тоа, гревот се разоткрива бидејќи е против стандардите на Божјото Слово. Гревот може да се категоризира во нештата на телесното и во делата на телесното. Нештата на телесното се гревовите коишто се извршени во срцето и мислите, како што се омразата, зависта, љубомората, прељубничкиот ум, додека пак делата на телесното се гревовите извршени во делувањето како што се караниците, изливите на бес или убиствата.

Тоа е нешто слично со категоризацијата на гревовите или криминалните дела во светот, коишто се категоризирани во неколку различни гревови. На пример, во зависност од тоа кон кого било насочено криминалното дело, тоа може да биде категоризирано како криминално дело против нација, народ или индивидуа.

Но иако една личност го поседува злото во своето срце, тоа не значи дека таа дефинитивно мора да изврши некој грев. Ако личноста го слуша Словото Божјо и ако покажува самоконтрола, тогаш таа може да го избегне извршувањето на гревовите, иако го поседува злото во своето срце. Во овој стадиум, таа може да биде задоволна и да си помисли дека го постигнала осветувањето само преку тоа што успеала да не ги изврши гревовите.

За една личност да стане во целост осветена, таа мора да се ослободи од злото коешто е сместено во нејзината природа, којашто се наоѓа во длабочината на нејзиното срце. Во природата на една личност е содржано злото коешто е наследено од страна на нејзините родители. Тоа не се покажува во некои обични ситуации, но затоа

125

Карактеристиките На Љубовта

испливува во некои екстремни состојби.

Една Корејска поговорка го кажува следното, „Секој ќе ја прескокне оградата на својот сосед, ако гладува во текот на три дена." Тоа е нешто слично со „Неопходноста не признава никаков закон." Сé додека не станеме во целост осветени личности, злото коешто е скриено во нашето срце може да исплива и да се покаже во некои екстремни ситуации во животот.

Иако се екстремно мали, фекалиите од мувите сепак претставуваат фекалии. На истиот начин, иако не претставуваат гревови, сите нешта коишто не се совршени во очите на совршениот Бог, исто така претставуваат форми на зло. Поради тоа во 1 Солунјани 5:22 се кажува, „...воздржувајте се од секаква форма на зло."

Бог е љубов. Всушност Божјите заповеди можат да бидат стиснати во зборот 'љубов'. Имено, претставува зло и беззаконие да не се сака. Затоа за да провериме дали го земаме во обзир претрпеното лошо, мораме да помислиме на тоа колку љубов имаме во нас. До она ниво до коешто го сакаме Бога и другите луѓе, до тоа ниво и нема да го земаме во обзир претрпеното лошо дело.

Ова е заповедта Негова, да веруваме во името на Синот Негов, во Исуса Христа, и да се сакаме меѓу себе, како што Тој ни заповедал (1 Јован 3:23).

Љубовта не му прави зло на ближниот; затоа љубовта е исполнување на законот (Римјаните 13:10).

Да Не Се Зема Во Обзир Претрпеното Лошо Дело

За да не го земеме во предвид претрпеното лошо дело, пред сé мораме да не ги гледаме, ниту да ги слушаме злите нешта. Дури и да се случи да чуеме или видиме некое зло, не би требало да се обидуваме да ги запаметиме таквите неша, ниту повторно да мислиме на нив. Значи не смееме да се обидуваме да ги запаметиме таквите дела. Се разбира дека понекогаш нема да бидеме во состојба да си ги контролираме своите мисли. Некои одредени мисли може посилно да ни надојдат токму кога ќе се обидуваме да не мислиме на нив. Но ако преку молитвите се обидуваме да немаме зли мисли, тогаш Светиот Дух ќе ни помогне во тоа. Не би требало намерно да слушаме, гледаме или помислуваме на некои зли нешта, а понатаму, би требало да го отфрлиме злото дури и од нашите мисли коишто за момент ни трепкаат во умот.

Не би требало да ги практикуваме злите дела исто така. 2 Јован 1:10-11 ни кажува, „Ако некој дојде кај вас и не го донесе со себе ваквото учење, не примајте го во куќата своја и не поздравувајте го; бидејќи оној кој што го поздравува учествува во неговите зли дела.“ Значи Бог не советува да го избегнуваме злото и да не го прифаќаме.

Луѓето ја наследуваат грешната природа од своите родители. Додека живеат на овој свет, луѓето доаѓаат во контакт со многу невистини. Базирано на оваа грешна природа којашто ја носат во срцата и на невистините, една личност го развива личниот карактер или своето ’себе‘. Христијанскиот живот претставува отфрлање на оваа грешна природа и невистините, уште од самиот момент кога го прифаќаме Господа. За да ја отфрлиме оваа грешна природа и невистините, ние мораме да покажеме големо ниво на трпение и напори. Поради тоа што живееме во овој свет, позапознати сме со невистината отколу што сме со вистината. Навистина е релативно полесно да се прифати невистината и да се стави во нас, одошто да ја отфрлиме од себе. На пример многу е лесно да се извалка една бела облека со црно мастило, но многу е тешко да се извадат тие дамки во целост потоа и да се направи облеката сосем бела како порано.

Исто така, иако нешто можеби изгледа како мало зло во моментот, тоа може за една секунда да се развие во големо зло. Исто како што

Карактеристиките На Љубовта

Галатјаните 5:9 ни кажува, „Малку квас го потквасува целото тесто,“ значи дека малото зло, за момент може да се рашири на голем број луѓе. Затоа мораме да бидеме многу внимателни со дури и најмалото зло. За да бидеме во состојба да не помислуваме на злото, мораме да го мразиме тоа зло без премислување. Бог ни заповеда „Мразете го злото, вие кои што го сакате ГОСПОДА“ (Псалм 97:10), и не поучува дека „Стравот од ГОСПОДА е да се мрази злото“ (Изреки 8:13).

Ако страствено сакате некого, вие ќе го сакате она што на таа личност ѝ се допаѓа и ќе го мразите она што на таа личност не ѝ се допаѓа. Нема да имате потреба за некоја посебна причина за тоа. Кога Божјите чеда, кои што го имаат примено Светиот Дух во себе, ќе извршат некои гревови, тогаш Светиот Дух во нив ќе започне да стенка. Така што, тие во своите срца ќе имаат чувство на болка. Потоа ќе сватат дека Бог ги мрази нештата коишто ги имаат извршено, па ќе се обидуваат да не ги извршат повторно. Од голема важност е да се обидуваме да ги отфрлиме дури и најмалите форми на зло од нас и да не ги прифаќаме повторно во нашите срца.

Снабдете Се Со Словото Божјо И Со Молитви

Злото претставува многу бескорисно нешто. Изреки 22:8 ни кажува, „Кој сее неправда, ќе пожнее суетност.“ Тогаш ќе можат да ни се случат некои болести, нас или на нашите деца, или пак можеби ќе се соочиме со некои несреќи. Можеби ќе живееме во тага поради сиромаштвото и семејните проблеми. Сите вакви проблеми доаѓаат од злото во нас.

Не лажете се себеси, Бог не дозволува да биде исмејан; затоа она што човекот ќе го посее, тоа и ќе го пожнее (Галатјаните 6:7).

Се разбира, несреќите можеби нема веднаш да ни се случат. Во ваквата фаза каде што имаме натрупано зло до едно одредено ниво, тоа може да предизвика проблеми коишто подоцна во животот, ќе им се одразат на нашите деца. Заради фактот што луѓето во светот не го сваќаат ова правило на Небесниот закон, тие извршуваат многу зли дела, на најразлични начини.

На пример, луѓето сметаат за нормално да им се одмаздуваат на оние личности кои што им згрешиле. Но Изреки 20:22 кажува, „Не кажувај, 'Ќе му се одмаздам на непријателот'; остави на ГОСПОДА, Тој ќе ти помогне.“

Бог го контролира животот, смртта, среќата и несреќата на човештвото, во согласност со Својата правда. Затоа ако правиме добри дела коишто се во согласност со Словото Божјо, тогаш дефинитивно ќе ги пожнееме плодовите на добрината. Исто како што е ветено во Исход 20:6, каде што се кажува, „...кој покажува милост кон илјадници, кон оние кои што Ме сакаат и ги запазуваат заповедите Мои.“

За да се држиме себеси настрана од злото, мораме да го мразиме злото. И згора на сѐ, цело време мораме да имаме две нешта во изобилство. Тоа се Словото Божјо и молитвата. Ако постојано медитираме за Словото Божјо во текот на денот и ноќта, ќе бидеме во можност да ги избркаме злите мисли од нас и да имаме само добри и продуховени мисли. Тогаш ќе бидеме во можност да сватиме каков вид на дело е делото на вистинската љубов.

Ние при молитвата медитираме за Словото Божјо дури и подлабоко од обично, така што се доведуваме себеси во можност да го препознаеме злото и во нашите зборови и дела. Кога ревносно се молиме со помошта на Светиот Дух, си ја отвараме можноста да завладееме над злото и да го отфрлиме од нашите срца. Ајде бргу да го отфрлиме злото со помошта на Словото Божјо и молитвата, за да можеме да го живееме животот исполнет со среќа и радост.

Колку поразвиено е општеството, толку повеќе шанси чесниот човек има за успех. Спротивно на тоа, помалку развиените земји ја имаат тенденцијата да имаа повеќе корупција и скоро сѐ може да се постигне со пари. Корупцијата се нарекува болест на нацијата, затоа што е поврзана со напредокот на земјата. Корупцијата и неправедноста исто така имаат влијание и врз животите на индивидуите исто така. Себичните луѓе не можат да се здобијат со вистинска сатисфакција затоа што мислат само на себе и не ги сакаат другите луѓе.

Не радувањето на неправдата и не земањето во обзир на претрпеното зло се многу слични нешта. ’Не земањето во обзир на претрпените лоши дела‘ значи да се нема никаква форма на зло во срцето. ’Да не се радува на неправдата‘ значи да не се ужива во срамните или срамотни однесувања, дела или однесувања, не земајќи учество во нив.

Да претпоставиме дека чувствувате љубомора кон својот пријател кој што е богат. Исто така не го сакате поради тоа што изгледа дека тој постојано се фали со своето богатство. Исто така си помислувате нешто како, ’Тој е навистина многу богат, а што е со мене? Се надевам дека ќе банкротира.‘ Тоа значи да се помислуваат зли нешта. Ако еден ден некој го измами и неговата компанија отиде во банкрот во текот на еден ден, ако се најдете себеси како уживате помислувајќи си, ’Тој толку многу се фалеше со своето богатство, убаво што му се случи тоа!‘ тогаш тоа значи дека уживаме или сме задоволни поради неправдата. А ако и активно учествувате во ваквото дело, тогаш тоа значи активно да уживате во неправдата.

Постои една општа неправедност за којашто дури и

неверниците мислат дека е неправедност. На пример, некои луѓе на нечесен начин го натрупуваат своето богатство, измамувајќи ги луѓето или заканувајќи им се со сила. Една личност може да ги прекрши одредбите на законите во својата земја и да прими нешто за возврат, заради некоја своја лична корист и добивка. Ако еден судија изрече неправедна пресуда, откако ќе прими мито, па заради тоа некоја невина личност биде казнета, тоа претставува неправедност која што сите можат да ја видат и препознаат. Значи дека таа личност го злоупотребила својот авторитет на судија.

Кога некој ќе продаде нешто, може да се случи да излаже во врска со количината или квалитетот на робата. Може да се случи да употреби евтини или неквалитетни материјали за да се здобие со поголема неоправдана корист. Таквите луѓе не помислуваат на другите, туку само на својата краткотрајна корист. Тие знаат што е право, но не се колебаат да ги измамат другите бидејќи им се радуваат на неправедно стекнатите пари. Постојат всушност голем број на луѓе кои што ги измамуваат другите заради својата неправедна добивка. Но што е со нас? Дали можеме да кажеме дека сме чисти во врска со ваквите нешта?

Да претпоставиме дека се има случено една ваква ситуација. Вие сте цивилен работник и сте дознале дека еден од вашите блиски пријатели заработува голема количина на пари на нелегален начин, учествувајќи во некои бизниси. Ако го фатат, тој би се соочил со многу строга казна заради свите дела, но тој ви дава голема количина на пари за да молчите и да не обрнувате внимание на неговите дела. Ви кажува дека ќе ви даде дури и поголема сума на пари во иднина. Во исто време се случува вашето семејство да има потреба за голема сума на пари за некоја итна ситуација. Што тогаш, вие ќе направите?

Карактеристиките На Љубовта

Да замислиме и една друга ситуација. Еден ден додека сте ја проверувале вашата банковна сметка, сте приметиле дека имате повеќе пари отколку што би требало. Сваќате дека сумата којашто требала да ви биде повлечена како такса за трансакцијата, не била одздемена. Во тој случај, како вие би реагирале? Дали би помислиле дека грешката е на нивна страна и дека тоа не е ваша одговорност?

2 Летописи 19:7 ни кажува, „Затоа стравот од ГОСПОДА нашиот Бог, нека биде сега врз вас; внимавајте што правите, зошто кај ГОСПОДА нашиот Бог нема неправда, пристрасност или примање мито.“ Бог е праведен; Тој во себе нема воопшто неправда. Можеби ќе се скриеме од очите на луѓето, но не можеме да го измамиме Бога. Затоа со стравот од Бога треба да чекориме по правиот пат, со чесноста од наша страна.

Земете го во предвид случајот со Аврама. Кога неговиот внук во Содом бил заробен во текот на војната, Аврам успеал да ги врати не само својот внук, туку и луѓето кои што биле со него, како и нивните поседи. Кралот на Содом сакал да ја покаже својата благодарност заради ова, давајќи му на Аврама дел од нештата коишто му ги вратил на кралот, но Аврам не сакал да ги прифати.

Но Аврам му кажа на кралот Содомски, „Ја кревам раката своја кон севишниот ГОСПОД Бог, создателот на небесата и на земјата, дека нема да земам ниту конец, ниту ремен од сандали или пак нешто друго што е твое, плашејќи се дека можеш да кажеш, 'Го збогатив Аврама'“ (Битие 14:22-23).

Кога неговата жена Сара умрела, земјопоседникот му

понудил место за погреб, но тој не го прифатил тоа. Тој си платил колку што треба за тоа. Сето тоа било направено за да не дојде до некој спор во иднина, во врска со земјата. Тој го сторил тоа бидејќи бил чесен човек; не сакал да прими било што, што го сметал за незаслужена или неправедна корист. Ако барал пари во животот, тој можел само да си ја бара својата лична корист и она што би му било профитабилно.

Оие кои што го сакаат Бога и кои што се и самите сакани од страна на Бога, никогаш не би повределе некого или би ја барале личната корист, прекршувајќи го при тоа законот за земјиштето. Тие никогаш не би прифатиле нешто повеќе од она што мислат дека го заслужуваат, заработувајќи го низ чесна работа. Оние кои што се радуваат на неправедноста не ја поседуваат љубовта за Бога или за своите ближни.

Неправедноста Во Божји Очи

Неправедноста во Господа е малку поразлична од онаа за која зборуваме во генерален контекст. Тоа не значи само да се прекрши законот и да им се нанесе зло на другите, туку се однесува на секој грев којшто е против Словото на Бога. Кога злото коешто се наоѓа во срцето ќе излезе во една специфична форма, тогаш тоа претставува грев и тоа претставува неправедност. Помеѓу многуте гревови, неправедноста специјално се однесува на работите на телесното.

Имено, омразата, зависта, љубомората и другите зла коишто се наоѓаат во срцето се реализираат во дела како што се на пример, караниците, раздорот, насилството, отпадништвото или убиството. Библијата ни кажува дека ако правиме неправедност, тешко ќе ни биде дури само да постигнеме спасение за нас.

1 Коринтјаните 6:9-10 ни кажува, „Или не знаете дека неправедните нема да го наследат кралството Божјо? Не лажете

Карактеристиките На Љубовта

се себеси; ниту блудниците, ниту идолопоклониците, ниту прељубодејците, ни женствените, ни мажожелниците, ни крадците, ни лакомите, ни пијаниците, ни клеветниците, ни измамниците нема да го наследат кралството Божјо."

Ахан е еден од луѓето кои што ја сакале неправедноста и што на крајот резултирало со неговото уништување. Тој бил од втората генерација на Исходот и од своето детство тој имал видено и чуено за нештата што Бог ги имал направено за неговиот народ. Тој го видел столбот на облакот дење и столбот на огнот ноќе, коишто ги воделе и им го покажувале патот. Тој го имал видено запирањето на реката Јордан и видел како непробојниот град Ерихон паднал за еден миг. Тој исто така многу добро знаел за наредбата дадена од страна на водачот Исус Навин никој да не смее да земе нешто од градот Ерихон, заради тоа што таквото нешто би претставувало навреда за Бога, бидејќи тие нешта нему ќе му биле понудени.

Но во моментот кога ги видел нештата во градот Ерихон, тој се загубил во своето чувство на алчност. По живеењето на скромен живот во дивината, нештата коишто биле во градот му изгледале како нешто навистина убаво. Во моментот кога ги видел убавите палта и парчиња злато и сребро, тој заборавил на Словото Божјо и на заповедта од страна на Исус Навин и ги сокрил за себе.

Поради овој грев на Ахана со којшто ја прекршил заповедта на Бога, Израел претрпел многу губитоци во следната битка. Поради тоа неправедноста на Ахана била откриена и тој и неговата фамилија биле каменувани до смрт. Камењата направиле една грамада на тоа место и затоа тоа место почнало да се нарекува Долината Ахор.

Исто така, погледнете во Броеви, глава 22-24. Валаам бил човек кој што можел да комуницира со Бога. Еден ден, Валак, кралот на Моавците му рекол на Валаама да ги проколне луѓето на Израелот. Па Бог му кажал на Валаама, „Не оди со нив;нема да ги проколнеш тие луѓе, бидејќи тие се благословени“ (Броеви 22:12).

По слушањето на Словото Божјо, Валаам одбил да одговори на барањето од кралот на Моавците. Но кога кралот му испратил злато, сребро и многу богатство, неговиот ум почнал да се колеба. На крајот, неговите очи биле заслепени од целото тоа богатство па го поучил кралот како да им постави замка на луѓето од Израелот. Кој бил резултатот на сето тоа? Синовите Израелеви јаделе храна којашто била жртвувана на идолите и извршиле прељубодејствие, а со тоа подигнале кон себе големи измачувања а Валаам на крајот бил убиен со меч. Тоа било резултат на добиеното неправедно нешто.

Неправедноста е во директна врска со спасението, во очите на Бога. Што би требало да направиме ако видиме некој брат или сетра во верата како делуваат во неправедноста, исто како што тоа го прават неверниците на овој свет? Се разбира дека мораме да ги жалиме, да се молиме за нивните души и да им помогнеме да го живеат животот во согласност со Словото Божјо. Но некои верници им завидуваат на таквите луѓе, помислувајќи си, 'И јас исто така би сакал да водам полесен и покомфорен Христијански живот како нив'. А ако учествувате во нивните дела, не можеме да кажеме дека го сакате Господа.

Исус, бидејќи бил невин, умрел за да не поведе нас, кои што сме неправедни, кон Бога (1 Петар 3:18). Сваќајќи ја оваа голема љубов на Господа, ние никогаш не би требало да ѝ се радуваме на неправедноста. Оние луѓе кои што не ѝ се радуваат на неправедноста, не само што го избегнуваат практикувањето на неправедноста, туку и активно живеат според Словото Божјо. Тогаш тие можат да станат пријатели на Господа и да живеат напредни животи (Јован 15:14).

Карактеристиките На Љубовта

11. Љубовта Й Се Радува На Вистината

Јован, едниот од дванаесете апостоли на Исуса бил спасен од мачениптво и живеел сé до смртта во длабока старост, ширејќи го евангелието на Исуса Христа и волјата на Бога, на голем број на луѓе. Едно од нештата коишто сакал да ги чуе кога бил во последните години од животот било дека верниците се обидуваат да го живеат животот во Словото Божјо, во вистината.

Тој кажал, „Многу се зарадував кога дојдоа браќата мои и ми посведочија за твојата верност, дека ти чекориш во вистината. Нема поголема радост за мене од оваа, да чујам дека чедата мои чекорат во вистината" (3 Јован 1:3-4).

Можеме да видиме според неговото изразување, колку многу радост чувствувал, кажувајќи, 'Многу се зарадував'. Тој порано имал нервозен темперамент, па дури и го нарекле син на громот, кога бил помлад, но откако се изменил, почнале да го нарекуваат апостолот на љубовта.

Ако го сакаме Бога, нема да ја практикуваме неправедноста и понатаму, ќе ја практикуваме вистината. Исто така и ќе й се радуваме на вистината. Вистината тука се однесува на Исуса Христа, на евангелието и на сите 66 книги од Библијата. Оние кои што го сакаат Бога и кои што Бог ги сака, дефинитивно ќе се радуваат со Исуса Христа и со евангелието. Тие се радуваат исто така и кога кралството на Бога се зголемува. Што тоа значи да се радува со вистината?

Како прво, тоа значи да се радува со 'евангелието'.

'Евангелието' е добрата вест дека сме спасени низ Исуса Христа и дека ќе одиме во Небесното Кралство. Голем број на луѓе ја бараат вистината, поставувајќи ги прашањата како што се следните, 'Која е целта на животот? Што претставува вреден живот?' За да ги добијат одговорите на овие прашања, тие студираат за идеите и филозофијата, или се обидуваат да добијат одговори преку различните религии. Но вистината е Исус Христос и никој не може да отиде на Небесата без Исуса Христа. Затоа Исус кажал, „Јас сум патот, и вистината, и животот; никој не доаѓа кај Отецот освен преку Мене" (Јован 14:6).

Ние го имаме примено спасението и се здобивме со вечниот живот, преку прифаќањето на Исуса Христа. Нам ни е дадена прошката за нашите гревови низ крвта на Господа и пренесени сме од Пеколот до Небесата. Сега го сваќаме значењето на животот и живееме вреден живот. Затоа сосем природно нешто е да се радуваме со евангелието. Но оние кои што му се радуваат на евангелието, вредно ќе им го предаваат и на другите. Тие ќе ги исполнуваат од Бога дадените обврски и верно ќе работат на ширењето на евангелието. Исто се радуваат кога душите ќе го чујат евангелието и ќе се здобијат со спасението, прифаќајќи го Господа. Исто така ќе се радуваат кога кралството Божјо ќе се зголеми. „[Бог] посакува сите луѓе да се спасат и да дојдат до знаењето на вистината" (1 Тимотеј 2:4).

Сепак постојат некои верници кои што им се љубоморни на другите кога ќе видат дека тие успеале да евангелизираат голем број на луѓе и да понесат големи плодови. Некои цркви им се љубоморни на другите цркви, кога ќе го видат растот на другите цркви и кога ќе видат како тие му ја оддаваат славата на Бога. Тоа не значи да се радуваат со вистината. Ако во срцата ја имаме духовната љубов, тогаш би се радувале кога ќе видиме како кралството Божјо во голема мерка се остварува. Ние тогаш би се радувале заедно со нив, гледајќи ги другите цркви како растат и се сакани од страна на Бога. Тоа значи да ѝ се радуваме на вистината, што исто така значи да се радуваме и на евангелието.

Како второ, да се радуваме на вистината значи да се радуваме на сето што й припаѓа на вистината.

Сето тоа значи да се радуваме гледајќи, слушајќи и правејќи нешта коишто й припаѓаат на вистината, како што се добрината, љубовта и правдата. Оние кои што й се радуваат на вистината обично се трогнуваат и пролеваат солзи кога ќе чујат и за најмалото добро дело. Тие се исповедаат дека Словото Божјо е вистината и дека тоа е послатко дури и од медот во кошницата со пчели. Па така, тие се радуваат слушајќи ги проповедите и читајќи ја Библијата. Понатаму тие се радуваат во практикувањето на Словото Божјо. Тие радосно му се покоруваат на Словото Божјо кое што ни кажува да 'служиме, разбираме и простуваме' па дури и на оние кои што ни создаваат потешкотии во животот.

Давид го сакал Бога и сакал да го изгради Храмот на Бога. Но Бог не му дозволил да го стори тоа. Причината е запишана во 1 Летописи 28:3. „Не гради дом во името Мое затоа што си војник и крв си пролеал." За Давида било неизбежно да пролее крв бидејќи учествувал во многу војни, но во Божји очи, Давид не бил сметан за соодветна личност за исполнување на таа задача.

Давид не можел да го изгради Храмот, но затоа ги припремил сите материјали потребни за изградбата, па неговиот син Соломон, понатаму можел да го изгради наместо него. Давид ги вложил сите свои напори во набавката на материјалите и самата таа задача му причинувала огромно задоволство и среќа. „И народот се радуваше затоа што од сѐ срце ги даваа понудите за ГОСПОДА, а со нив се радуваше и кралот Давид" (1 Летописи 29:9).

Слично на тоа, оние кои што се радуваа на вистината, ќе се радуваат кога ќе ја видат добробитта на другите луѓе. Тие во себе не чуствуваат никаква љубомора. За нив е незамисливо да помислат некои зли нешта како што се, 'нешто би требало да тргне на лошо со таа личност,' или пак да наоѓаат сатисфакција и исполнетост на душата во несреќата на другите луѓе. Кога ќе видат како нешто неправедно се случува, тогаш тие се чувствуваат многу нажалени поради тоа. Исто така, оние кои што се радуваат на вистината, се во состојба да ги сакаат другите луѓе со добрина, со непроменливото срце и со вистинитост и интегритет. Тие им се радуваат на добрите зборови и на добрите дела. Бог исто така се радува над нив, со извици на радост, како што е цитирано во Софонија 3:17, „ГОСПОД Твојот Бог е среде тебе, победничкиот воин. Тој ќе ликува над твојата радост, Тој ќе биде тивок во Својата љубов, Тој ќе се радува над тебе со извици на радоста.“

Дури и да не можете да ѝ се радувате на вистината цело време, не би требало да се обесхрабрувате и да се разочарувате. Ако се обидувате најдобро што можете, Богот на љубовта ќе ги земе во предвид и вашите напори како, 'радување на вистината'.

Како трето, да се радуваме на вистината значи да веруваме во Словото Божјо и да се обидуваме да го практикуваме истото.

Ретко може да се најде некоја личност која што може да ѝ се радува на вистината уште од самиот почеток. Сѐ додека ја имаме темнината и невистината во нас, можеме да мислиме на некои зли нешта или можеме да ѝ се радуваме на невистината. Но кога ќе почнеме малку по малку да ја отфламе невистината од нашето срце, тогаш ќе можеме во целост да ѝ се радуваме на вистината. Сѐ до тогаш, ќе мораме постојано многу да се обидуваме во тоа.

На пример, не секој се чувствува среќно да присуствува на богослужбите. Во случајот со новите верници или со оние кои што ја имаат слабата вера, можеби се чуствуваат изморено или пак нивното срце се наоѓа некаде на друго место. Тие можат да се прашуваат во врска со резултатите на некои бејзбол натпревари или можеби се нервозни во врска со некои бизнис состаноци, на коишто треба другиот ден да присуствуваат.

Но делата на доаѓањето во светилиштето и присуството на богослужбата претставува напор да се потчиниме на Словото Божјо. Тоа значи да ѝ се радуваме на вистината. Зошто се обидуваме да го направиме тоа на ваков начин? За да го примиме спасението и да одиме на Небесата. Бидејќи го имаме чуено Словото на вистината и веруваме во Бога, исто така веруваме дека постои судот и дека постојат Небесата и Пеколот. Бидејќи знаеме дека постојат различни награди на Небесата, ќе се обидуваме повредно да работиме за да станеме осветени и да работиме верно во сиот Божји дом. Иако можеби не ѝ се радуваме на вистината 100%, ако се обидуваме да го дадеме најдоброто што можеме во нашата мерка на верата, тоа значи да ѝ се радуваме на вистината.

Гладта И Жедта За Вистината

Би требало да биде толку природно за нас да ѝ се радуваме на вистината. Само вистината е таа којашто ни го дава вечниот живот и којашто може во целост да не измени. Ако ја чуеме вистината, имено евангелието и ако почнеме да го практикуваме, тогаш ќе се здобиеме со вечниот живот и ќе станеме вистинските чеда Божји. Бидејќи сме исполнети со надежта за Небесното Кралство и со духовната љубов, нашите лица ќе почнат да сјајат од радост. Исто така сé до она ниво до кое што сме се измениле во вистината, ќе бидеме среќни бидејќи ќе бидеме сакани и благословени од Бога, а и ќе бидеме сакани и од голем број на луѓе.

Ние би требале цело време да ѝ се радуваме на вистината и да ја имаме гладта и жедта за неа. Ако чувствувате глад и жед, вие тогаш искрено ќе посакувате храна и вода. Кога копнееме за вистината, мораме искрено да копнееме за неа, за да можеме бргу да се измениме во луѓе на вистината. Мораме да го живееме животот на постојано јадење и пиење на вистината. Што значи да се јаде и пие вистината? Тоа значи да го запазиме Словото Божјо, вистината, во нашите срца и да го практикуваме.

Ако застанеме пред некого кого што толку многу го сакаме, ќе ни биде навистина тешко да ја сокриеме среќата којашто ќе се изрази на нашите лица. Истото се случува и кога го сакаме Бога. Сега во моментот, не сме способни да можеме да застанеме пред Бога и да се гледаме лице во лице, но ако навистина искрено го сакаме Бога, таа љубов ќе ни се покаже на нашиот изглед однадвор. Значи дека само и да чуеме нешто во врска со вистината, ќе покажуваме радост и среќа. Нашите среќни лица нема да останат незабележани од страна на луѓето околу нас. Ќе ги пролеваме солзите поради благодарноста, со самата помисла за Бога и за Господа и нашите срца ќе бидат трогнати и со најмалото дело на добрина.

Солзите пролеани заради добрината, заради благодарноста или солзите за тажењето поради другите души, ќе се претворат во прекрасни бисери подоцна кога ќе бидеме на Небесата, украсувајќи ни ги нашите вечни живеалишта таму. Да ѝ се радуваме на вистината, за да можат нашите животи да бидат исполнети со доказите дека сме сакани од страна на Бога.

Карктеристиките На Духовната Љубов II	6. Таа Не Делува Непристојно
	7. Таа Не Ја Бара Сопствената Корист
	8. Таа Не Е Испровоцирана
	9. Таа Не Го Зема Во Обзир Претрпеното Лошо Дело
	10. Таа Не Ѝ Се Радува На Невистината
	11. Таа Ѝ Се Радува На Вистината

12. Љубовта Ги Поднесува Сите Нешта

Како што го прифаќаме Исуса Христа и се обидуваме да живееме според Словото на Бога, постојат многу нешта коишто ќе мораме да ги поднесуваме. Ќе мораме да поднесуваме разни ситуации на провокации. Исто така мораме да ја практикуваме самоконтролата над тенденцијата да си ги следиме нашите сопствени желби. Тоа е причината зошто во опишувањето на првата карактеристика на љубовта е кажано дека таа мора да биде трпелива.

Да се биде трпелив го означува искуството коешто го добиваме борејќи се во себеси додека се обидуваме да ја отфрлиме невистината од нашите срца. Фразата да се 'поднесуваат сите нешта' во себе содржи едно пошироко значење. Откако ќе ја искултивираме вистината во нашите срца низ трпеливоста, потоа ќе мораме да ги поднесуваме сите болки коишто можат да произлезат од страна на луѓето, кои што ќе ни застанат на патот на надградбата. Поспецифично кажано, тоа значи да се поднесуваат сите нешта коишто не се во согласност со духовната љубов.

Исус дошол на земјата за да ги спаси грешниците, а како бил третиран од страна на луѓето? Тој правел само добри дела, а луѓето сепак му се подбивале, го запоставувале и не го почитувале. На крајот тие го распнале. Исус сепак ги поднел сите овие нешта коишто му ги направиле луѓето и постојано нудел посредувачки молитви за нив. Тој се молел за нив кажувајќи, „Оче, прости им; оти не знаат што прават" (Лука 23:34).

Кој бил резултатот на Исусовото поднесување на сите нешта направени од страна на луѓето и од Неговата љубов за нив? Секој кој што ќе го прифати Исуса како својот личен Спасител, ќе може да го прими спасението и да стане Божјо чедо. Преку Него бевме ослободени од смртта и бевме придвижени кон вечниот живот.

Една Корејска поговорка гласи вака, „Сомели секира за да направиш игла.“ Тоа значи дека со трпението и издржливоста можеме да го постигнеме исполнувањето на секоја тешка задача. Колку време и напор би биле потребни за да се сомеле една секира и да се направи една игла? Тоа навистина изгледа како една невозможна задача и затоа некој може да си помисли, „Зошто да не ја продадеме секирата за да потоа си купиме игли?“

Но Бог намерно ја презел таквата мачна работа, затоа што е господарот на нашиот дух. Бог е бавен кон искажувањето лутина и секогаш не поднесува, покажувајќи ни ја Својата милост и љубезност, поради фактот што не сака. Тој ги обработува и полира луѓето иако нивните срца се закоравени и тврди како челикот. Тој очекува секој да стане Негово чедо, иако некои лица изгледаат како да немаат воопшто шанси за да станат такви.

Трските прекршени Тој нема да ги докрши, ниту да ги угасне запалените светилки, сѐ додека не ја поведе правдата кон победата (Матеј 12:20).

Дури и денеска Бог ги поднесува сите болки коишто му доаѓаат од некои дела на луѓето и не очекува кај Себе со радост. Тој бил многу долготрпелив со луѓето, чекајќи ги да се изменат преку добрината, иако тие делувале преку злото веќе илјадници години. Иако му го имаат завртено грбот и почнале да им служат на идолите, Бог им покажал дека Тој е вистинскиот Бог и ги поднесувал со верата во нив. Ако Бог кажува, „Вие сте полни со неправедност и сте беспомошни. Не можам веќе да се справувам со вас,“ што мислите тогаш, колкав број на луѓе ќе бидат спасени?

Како што е наведено во Јеремија 31:3, „Со вечна љубов те засакав; затоа пристапив кон тебе со љубов,“ Бог не поведува со Неговата стална, бескрајна љубов.

За време на моето свештенствување како пастор на голема црква, јас можев до едно одредено ниво да ја сватам долготрпеливоста на Бога. Постојат голем број на луѓе кои што во себе имаат многу беззаконија и слабости, но чуствувајќи го срцето на Бога, јас секогаш ги гледав со очите на верата, надевајќи се дека еден ден тие ќе се изменат и ќе му ја оддадат славата на Бога. Бидејќи бев трпелив со нив и ја имав верата во нив, голем број од нив израснаа во добри водачи.

Секој пат кога ќе помислам за времето кога морав да ги поднесувам и издржувам, веднаш бргу заборавам на тоа и ми изгледа како да сето тоа било само еден момент. Во 2 Петар 3:8 е запишано, „Но внимавајте да не ви избега еден факт, возљубени, а тоа е дека за Господа еден ден е како илјада години, а илјада години како еден ден,“ можев да сватам што овој стих значи. Бог ги носи нештата во текот на многу долг временски период а сепак го смета тој период за еден летачки момент. Ајде да ја сватиме оваа љубов Божја и со неа да ги сакаме сите околу нас.

13. Љубовта Верува Во Сите Нешта

Ако навистина сакате некого, тогаш вие ќе й верувате во целост на таа личност. Дури и таа личност да има некои мани, вие сепак ќе се обидувате да й верувате. Еден маж и една жена се врзани помеѓу себе со љубовта. Ако кај една венчана двојка не постои љубовта, тогаш тоа значи дека тие не си веруваат еден на друг, па затоа може да дојде до караници помеѓу нив во врска со било која работа во животот и кај нив може да има сомнежи во врска со сѐ што е поврзано со нивниот брачен другар. Во некои посериозни случаи кај нив постојат заблуди во врска со неверноста на брачниот другар, коишто им предизвикуваат физичка и ментална болка. Ако навистина се сакаат, тие во целост би си верувале и би верувале дека нивниот брачен другар е добра личност, така што со текот на времето би им било добро и би имале добра врска. Па како што ќе поверуваат во тоа, нивните брачни другари полека ќе станат одлични во нивните полиња на делување и ќе имаат успех во тоа што го работат.

Довербата и верата можат да бидат стандарди за мерењето на силината на љубовта. Затоа, да се верува во целост во Бога, значи да се сака во целост. Авраам, таткото на верата, бил нарекуван пријателот на Бога. Тој без било какво колебање им се покорувал на сите заповеди на Бога, кој што му кажал да го понуди својот единствен син Исак, како жртва сепаленица. Тој можел да го направи тоа, заради неговата целосна вера во Бога. Бог ја видел оваа негова вера и ја признал неговата љубов.

Љубовта значи да се верува. Оние луѓе кои што во целост го сакаат Бога, исто така и ќе веруваат во Него, во целост. Тие 100% ќе веруваат во Неговите зборови. Па бидејќи ќе веруваат во сите нешта, тие и ќе можат да ги поднесуваат сите нешта. За да можеме да ги поднесуваме сите нешта коишто се против љубовта, мораме во себе да ја имаме верата. Имено, само тогаш кога во целост ќе им веруваме на Божјите зборови, само тогаш ќе можеме да ја имаме надежта за сите нешта и да си го обрежеме своето срце, отфрлајќи го сето она што е против љубовта.

Се разбира, во една постриктна форма, тоа не значи дека сме верувале во Бога поради тоа што сме го сакале уште од самиот почеток. Бог прво не сакал нас, па верувајќи во тој факт, ние сме почнале да го сакаме Бога. Како Бог не сакал нас? Тој несебично си го дал Својот еднороден Син за нас, кои што сме грешници, за да ни го отвори патот за спасението.

Во почетокот, почнуваме да го сакаме Бога со верувањето во овој факт, но откако во целост ќе ја искултивираме духовната љубов, ќе го достигнеме нивото каде што во целост ќе можеме да веруваме поради љубовта. Да се искултивира духовната љубов во целост, значи дека веќе ги имаме отфрлено сите невистини од нашите срца. Ако во срцата ја немаме невистината, тогаш одозгора, нам ќе ни биде дадена духовната љубов, со којашто ќе можеме да веруваме од длабочините на нашите срца. Тогаш нема да го имаме сомнежот во Словото Божјо и нашата верба во Бога нема никогаш да биде поколебана. Исто така, ако во целост ја искултивираме духовната љубов, ние ќе можеме да им веруваме на сите луѓе. Тоа не е затоа што луѓето се лесни за доверба, но дури и кога се полни со беззаконија и имаат голем број на мани, ние ќе гледаме на нив со очите на верата.

Ние тогаш ќе бидеме волни да имаме вера во секоја личност. Мораме да ја имаме верата во себеси, исто така. Иако во себеси ги имаме многуте недостатоци, ќе мораме да веруваме во Бога, кој што ќе не измени и да гледаме на себеси со очите на верата, верувајќи дека наскоро ќе се измениме. Светиот Дух постојано ни кажува во нашите срца, „Можете да го направите тоа. Јас ќе ви помогнам во тоа.“ Ако поверуваме во оваа љубов и се исповедаме на овој начин, „Можам добро да го сторам тоа, можам да се изменам,“ тогаш Бог ќе го исполни тоа во согласност со нашата исповед и со покажаната вера. Колку ли е убаво да се верува!

Бог исто така верува во нас. Тој верува дека секој од нас ќе ја запознае љубовта Божја и ќе тргне по патот на спасението. Бидејќи Тој не гледа сите нас со очите на верата, Тој несебично решил да го жртвува за нас својот еднороден Син Исус, на крстот. Бог верува дека дури и оние кои што сеуште не го знаат и не веруваат во Господа, ќе бидат спасени и ќе застанат на страната на Бога. Тој верува дека оние кои што веќе го имаат прифатено Господа, ќе се изменат во такви чеда кои што многу му наликуваат на Бога. Ајде да веруваме во секоја личност со ваквата љубов на Бога.

14. Љубовта Се Надева На Сите Нешта

Се зборува дека следните зборови се запишани на надгробните споменици во Вестминстерската Опатија во ОК, „Во младоста сакав да го сменам светот, но не можев да го сторам тоа. На средовечното доба се обидував да ја сменам мојата фамилија, но не можев да го сторам тоа. Сега кога се соочувам со смртта сватив дека можев да ги сменам сите тие нешта ако самиот се сменев.‟

Луѓето обично се обидуваат да ја сменат другата личност, ако нешто не им се допаѓа во врска со неа. Но да се изменат другите луѓе е скоро невозможно нешто. Некои брачни двојки се препираат околу некои тривијални нешта, како на пример дали забната паста треба да се истискува одоздола нагоре или обратно. За да ги измениме другите личности, прво треба да се измениме самите себеси. И тогаш со љубов за другите, ќе можеме да чекаме да се изменат, надевајќи се од сé срце дека тие ќе се изменат.

Да се надеваме на сите нешта значи да копнееме и да чекаме сé за што веруваме дека ќе се исполни. Имено, ако го сакаме Бога, ние ќе веруваме во секое Божјо Слово и ќе се надеваме дека сé ќе се изврши во согласност со Неговото Слово. Ние ќе се надеваме на денот кога ќе ја споделиме љубовта со Бога Отецот и ќе бидеме засекогаш во прекрасното Кралство Небесно. Тоа е причината поради која ги поднесуваме сите нешта, за да ја истрчаме нашата трка во верата. Но што ќе се случи ако ја немаме верата?

Оние кои што не веруваат во Бога, не можат да ја имаат

надежта за Кралството Небесно. Поради тоа тие живеат само во согласност со своите желби, бидејќи во себе ја немаат надежта за иднината. Затоа тие се обидуваат да добијат што повеќе нешта и се борат да си ја исполнат својата алчност. Но без разлика колку многу имаат и уживаат во нештата, тие никогаш не успеваат да се здобијат со вистинската сатисфакција во животот. Тие ги живеат своите животи со страв за својата иднина.

Од друга страна, оние кои што веруваат во Бога се надеваат на сите нешта, па затоа одат по тесниот пат. Зошто кажуваме дека тој пат е тесен? Тој пат е тесен според гледиштето на неверниците во Бога. Откако ќе го прифатиме Исуса Христа и ќе станеме Божји чеда, ќе почнеме да остануваме во црквата по цел ден во Неделите, присуствувајќи на богослужбите, без да бараме некоја секуларна форма на задоволство. Тогаш доброволно ќе ја извршуваме работата за Кралството Божјо и ќе се молиме за да го живееме животот според Словото Божјо. Таквите нешта се тешки за исполнување ако ја немаме верата во нас, па затоа кажуваме дека сето тоа е еден тесен пат.

Во 1 Коринтјаните 15:19 апостолот Павле кажува, „И ако само во овој живот сме се надевале на Христа, највеќе сме за жалење од сите луѓе.“ Гледано само од телесно гледиште, животот на поднесувањето и на тешката работа изгледа како товар. Но ако се надеваме на сите нешта, тогаш овој начин на живот е посреќен од сите други начини. Ако сме заедно со оние кои што многу ги сакаме, ќе бидеме среќни дури иако живееме во скромни куќи. Помислувајќи на фактот дека ќе живееме вечно со драгиот ни Господ на Небесата, колку ли

Карактеристиките На Љубовта

среќни тоа не прави да бидеме! Самата помисла на тоа ни создава неизмерна среќа. На овој начин со вистинската љубов, ние неизменливо ќе очекуваме и ќе се надеваме сè додека сето тоа во што веруваме не ни се оствари.

Очекувањето на сите нешта со верата е навистина моќно нешто. Да претпоставиме на пример дека едно од вашите деца застранило и не учи како што треба на училиште. Дури и ваквото дете, ако ја покажете верата во него и верата дека тоа може да го стори тоа, гледајќи го со очите на надежта дека ќе се измени, тоа може да го стори тоа во било кое време. Верата на родителите во своите деца ќе ги стимулира напредокот и самодовербата кај децата. Оние деца кои што во себе ја имаат самодовербата, ја поседуваат и верата дека можат било што да направат; затоа тие ќе бидат во можност да совладаат потешкотии, па таквото однесување на крајот ќе се одрази и на нивната изведба во образованието.

Истото се случува и кога се грижиме за нашите души во црквата. Во секој случај, не смееме прерано да создаваме заклучоци за било која личност. Не би смееле да станеме обесхрабрени помислувајќи си, 'Изгледа дека е навистина тешко таа личност да се измени; или 'таа е сеуште истата'. Ние мораме да ги гледаме сите преку очите на надежта, дека тие набргу ќе се изменат и ќе се истопат од љубовта на Бога. Затоа мораме да продолжиме со молитвите за нив и да ги охрабруваме, кажувајќи им и верувајќи во нив, „Можеш да го направиш тоа!“

15. Љубовта Ги Издржува Сите Нешта

1 Коринтјаните 13:7 кажува, „[Љубовта] ги поднесува сите нешта, верува во сите нешта, се надева на сите нешта, ги издржува сите нешта.“ Ако сакате, тогаш ќе можете да ги издржите сите нешта. Тогаш, што значи тоа да 'се издржи'? Кога ќе ги поднесуваме сите нешта коишто не се во согласност со љубовта, тогаш тоа се последиците коишто произлегуваат од таквото наше делување. Ако над езерската или морската површина има ветер, тогаш нормално е да се појават бранови. Дури и да се смири ветрот, пак ќе останат некои бранчиња на површината. Ако ги поднесуваме сите нешта, тие нема туку така да запрат по нивното трпење од наша страна. И понатаму ќе останат некои последици или последователни ефекти од тоа.

На пример, Исус кажал во Матеј 5:39, „Јас пак ви велам да не се противите на злото; Ако некој ве удри по десниот образ, свртете му го и другиот исто така.“ Како што е кажано, дури и да ве удри некој по десниот образ, вие не смеете да возвраќате за таквото дело, туку да го издржите истото. Дали тогаш сето тоа ќе заврши? Сигурно дека ќе има некои последици од сето тоа. Вие ќе чувствувате болка. Ќе ве боли образот, но болката којашто ќе ја чувствувате во срцето ќе биде многу поголема. Се разбира, постојат различни причини за доживувањето на болката во срцата кај луѓето. Некои луѓе ја чувствуваат болката во срцата бидејќи биле удрени без причина и бидејќи се налутени поради тоа. Но другите личности можеби ја имаат болката во срцата, чувствувајќи ја вината поради тоа што разлутиле некого. Некои луѓе можеби се чувствуваат нажалено, гледајќи го својот брат кој што не успева да си го задржи својот темперамент, па затоа го изразуваат тоа на еден физички начин, отколку на поконструктивен и посоодветен начин.

Последиците на поднесувањето на некои нешта, исто така можат да се изразат и преку надворешните околности. На пример, некој ве удри по десниот образ. Потоа вие му го свртите и левиот образ исто така, во согласност со Словото. Потоа таа личност ве удри и по левиот образ исто така. Вие ќе го поднесувате сето тоа следејќи го Словото, но во реалноста, ситуацијата може да ескалира и да се влоши.

Таков бил случајот со Даниила. Тој не барал некој компромис дознавајќи дека треба да биде фрлен во лавовското дувло. Бидејќи многу го сакал Бога, тој не престанал да се моли, дури и во ситуациите коишто биле опасни по неговиот живот. Исто така, тој не делувал со зло кон оние кои што се обидувале да го убијат. Па дали нешто се изменило на подобро бидејќи поднесувал сé во согласност со Словото Божјо? Не. Тој бил фрлен во лавовското дувло!

Можеме да помислиме дека сите испитувања ќе престанат ако поднесуваме сé во согласност со љубовта. Тогаш, што мора да е причината што испитувањата сепак и понатаму се случуваат? Сето тоа е во провидението на Бога да не направи совршени и да ни ги даде прекрасните благослови. Полињата ќе донесат здрава и силна жетва поднесувајќи ги дождот, ветрот и врелото сонце. Провидението Божјо е такво за ние да можеме да станеме вистински чеда Божји.

Испитувањата Се Благослови

Непријателот ѓаволот и Сатаната им ги нарушуваат животите на Божјите чеда, кога тие се обидуваат да живеат во Светлината. Сатаната секогаш се обидува да најде основи за да може да ги обвини луѓето и ако тие покажат дури и најмала грешка во себе, Сатаната и вистински ги обвинува. Еден пример за тоа е ако некој делува со зло кон вас, а вие го поднесувате тоа однадвор, но одвнатре сепак сеуште ги носите нервозните чувства. Непријателот ѓаволот и Сатаната знаат дека сето тоа донесува обвиненија против вас, поради таквите чувства коишто ги носите во себе. Тогаш Бог дозволува да мора да ни се случуваат испитувања во согласност со тие обвиниенија. Сé додека не бидеме признаени дека немаме воопшто зло во срцата, ќе ни се случуваат испитувања наречени 'усовршувачки испитувања'. Се разбира, дури и по отфрлањето на сите гревови и по станувањето целосно осветени, пак ќе може да има испитувања. Ваквиот вид на испитувања се дозволени од страна на Бога, за да ни даде што поголеми благослови. Поради тоа, ние не остануваме само на нивото каде што нема да имаме повеќе зло во срцата, туку ќе се трудиме да ја искултивираме поголемата љубов и посовршената добрина, немајќи повеќе ниту дамка вина во нас.

Тоа не се однесува само на личните благослови; истите принципи важат и се применуваат кога ќе се обидуваме да го постигнеме Кралството Божјо. За да може Бог да ни ги покаже Своите големи дела, мора да се достигне одредената мерка на скалата на правдата. Со покажувањето на големата вера и дела на љубовта, мораме да докажеме дека ги поседуваме прикладните садови за примањето на одговорите, така што непријателот ѓаволот нема да има основа за приговор.

Така Бог понекогаш дозволува да ни се случат некои испитувања. Ако успееме да ги издржиме тие испитувања само преку добрината и љубовта, тогаш Бог ќе ни дозволи да му ја оддадеме во поголема мерка славата кон Него, со поголеми победи и ќе ни даде поголеми награди. Специјално, ако ги надминете прогоните и тешкотиите коишто ги добивате заради Господа, вие сигурно ќе ги примите благословите за тоа. „Благословени сте вие кога луѓето ќе ве навредуваат и ќе ве прогонуваат поради Мене, и кога лажно ќе кажуваат секакви зла против вас. Радувајте се и бидете среќни, бидејќи вашата награда на Небесата ќе биде голема; затоа што на истиот начин тие ги прогонуваа и пророците кои што беа пред вас" (Матеј 5:11-12).

Да Се Поднесуваат, Веруваат, Надеваат И Издржуваат Сите Нешта

Ако верувате во сите нешта и се надевате на сите нешта во љубовта, вие ќе бидете во состојба да го надминете секое испитување. Тогаш како би требало да веруваме, да се надеваме и да ги издржуваме сите нешта?

Како прво, треба да веруваме во љубовта на Бога сé до самиот крај, дури и за време на испитувањата.

1 Петар 1:7 кажува, „...за да може доказот за вашата вера да биде поскапоцен од нетрајното злато, иако испитан низ огнот, да може да се најде како резултат во фалењето и славата и честа, во време на откровението на Исуса Христа." Тој не усовршува за да можеме да ги имаме квалификациите со коишто ќе бидеме во можност да уживаме во фалењето, славата и честа, кога нашите животи тука на земјата ќе бидат завршени.

Исто така, ако во целост живееме во согласност со Словото Божјо не правејќи компромиси со светот, тогаш може да ни се јават некои ситуации во животот, кога ќе се соочиме со неправедни страдања. Секој пат кога тоа ќе се случи, ние мораме да веруваме дека ја примаме специјалната љубов од Бога. Тогаш наместо да бидеме обесхрабрени, ние би требало да бидеме благодарни бидејќи Бог не води кон подобрите места за престој на Небесата. Исто така, мораме да веруваме во љубовта на Бога и да го правиме тоа сè до самиот крај. Можеби ќе има некаква болка којашто ќе ја доживееме за време на тие испитувања на верата.

Ако болката е навистина силна и трае во текот на долг временски период, тогаш можеби ќе си помислиме, „Зошто Бог не ми помага? Дали и понатаму ме сака?" Но во тие времиња мораме појасно да се присетиме на љубовта на Бога и да ги издржиме сите испитувања и тестови. Мораме да веруваме дека Богот Отецот сака да не поведе кон подобрите места за живот на Небесата, бидејќи ја има големата љубов за нас. Ако издржиме до самиот крај, на крајот ќе станеме совршени чеда Божји. „И дозволете да трпеливоста даде совршени резултати, па така да можете да бидете совршени и целосни, немајќи недостаток во ништо" (Јаков 1:4).

Како второ, за да ги издржиме сите нешта, ќе мораме да веруваме во фактот дека испитувањта се пократкиот пат кон исполнувањето на нашите надежи.

Римјаните 5:3-4 ни кажува, „И не само тоа, туку исто така ќе им се радуваме и на страдањата, знаејќи дека страдањата ја донесуваат издржливоста; а издржливоста пак донесува докажан карактер; а докажаниот карактер ја донесува надежта;" Страданијата тука се како еден вид на кратенка кон остварувањето на нашите надежи. Можеби ќе си помислите нешто како, „Ох, кога ќе се изменам?" но ако издржите и продолжите во повторното изменување, тогаш малку по малку ќе достигнете да станете вистински и совршени чеда Божји кои што наликуваат на Него.

Затоа кога ќе ви дојдат испитувањата, вие не би требале да се трудите да ги избегнете, туку да ги поминете вложувајќи ги вашите најдобри напори во тоа. Се разбира дека претставува природен закон и природна желба човекот да го избере најлесниот начин за исполнување на нештата. Но ако се обидуваме да ги избегнуваме испитувањата, нашето патување само може да стане уште подолго. На пример, постои една личност која што постојано и во секој поглед ви создава проблеми во вашиот живот. Вие можеби не го покажувате тоа отворено однадвор, но сепак во себе ја имате нелагодноста, кога и да ја видите таа личност. Така што сакате да ја избегнувате. Во тој случај не би требало само да ја игнорирате таа ситуација, туку активно да ја надминете истата. Вие морате да ја издржите таа ситуација, надминувајќи ја потешкотијата којашто ја имате со таа личност и да си го искултивирате своето срце на тој начин да можете вистински да ја разберете таа личност и да ѝ простите. Тогаш Бог ќе ви ја даде благодетта и вие ќе се измените. Исто така овие испитувања ќе станат камења за стапнување и краток пат кон исполнувањето на вашите надежи.

Како трето, за да ги издржат сите нешта луѓето мораат единствено да прават само добрина.

Кога ќе се соочат со последиците, дури и по издржувањето на сите нешта во согласност со Словото Божјо, обично луѓето испраќаат жалби кон Бога. Тие се жалат кажувајќи, „Зошто ситуацијата не се измени иако делував во согласност со Словото Божјо?“ Сите испитувања ни се донесуваат од страна на непријателот ѓаволот и Сатаната. Имено, тестовите и испитувањата претставуваат битки помеѓу доброто и злото.

За да можеме да ја извојуваме победата во овие духовни битки, мораме да се бориме во согласност со правилата на духовниот свет. Законот на духовниот свет е таков што на крајот добрината секогаш победува. Римјаните 12:21 ни кажува, „Не дозволувај злото да те победи, туку победи го ти злото со добро.“ Ако на овој начин делуваме во добрината, за момент можеби и ќе ни изгледа дека се соочуваме со загуби, но всушност се случува спротивното. Сето тоа се одвива на тој начин поради фактот што праведниот и добар Бог ја контролира сета среќа, несреќа и животот и смртта на човештвото. Затоа, кога ќе се соочиме со тестови, испитувања и прогонства, мораме да делуваме само во добрината.

Во некои случаи има некои верници кои што се соочуваат со прогонствата од нивните членови на семејството кои што се неверници. Во таков случај, верниците можат да помислат, „Зошто мојот маж е толку злобен? Зошто мојата жена е толку злобна?" Но тогаш тестовите можат да станат само уште поголеми и подолги. Што би претставувало добрина во ваквата ситуација? Вие морате да се молите со љубов и да им служите во Господа. Морате да станете светлината којашто ќе сјае над вашата фамилија.

Ако вие правите само добрина кон нив, Бог ќе го направи своето дело во најпогодниот момент за тоа. Тој ќе ги изгони непријателот ѓаволот и Сатаната и ќе го допре срцето на членовите на вашата фамилија. Сите проблеми можат да бидат решени ако делувате во добрината, во согласност со правилата на Бога. Најсилното оружје во една духовна битка не се наоѓа во силата на мудроста човечка, туку во добрината на Бога. Затоа ајде да опстоиме во добрината и да правиме само добри дела.

Карактеристиките На Духовната Љубов III

12. Таа Ги Поднесува Сите Нешта

13. Таа Верува Во Сите Нешта

14. Таа Се Надева На Сите Нешта

15. Таа Ги Издржува Сите Нешта

Дали во вашето опкружување постои некоја личност за којашто сметате дека е тешка за поднесување и има тежок карактер? Некои луѓе постојано прават грешки, им прават штети и им создаваат тешкотии на другите луѓе. Некои од нив постојано се жалат и дури стануваат зловолни поради некои мали нешта. Но ако ја искултивирате вистинската љубов во вас, нема да постои ниедна личност што не би можеле да ја поднесувате. Тоа ќе се должи на фактот што ќе ги сакате другите како што се сакате самите себеси, исто како што Исус ни кажал да ги сакаме своите ближни како што се сакаме самите себеси (Матеј 22:39).

Богот Отецот исто така не разбира и не издржува на овој начин. Сé додека не успеете да ја искултивирате ваквата љубов во вас, би требало да го живеете животот како бисерната школка. Кога некој стран објект како што е парченце песок, морска трева или делче од некаква лушпа, навлезе во бисерната школка помеѓу телото и школката, таа се брани на тој начин што создава убав бисер околу страниот објект! Ако успееме да ја искултивираме духовната љубов на ваков начин, ќе можеме да поминеме низ бисерната порта и да влеземе во Новиот Ерусалим, местото каде што е лоциран престолот на Бога.

Само замислете си како ја поминувате бисерната порта и присетете се на вашето минато тука на земјата. Тогаш би требало да бидете во можност да му се исповедате на Бога Отецот кажувајќи, „Ти благодарам затоа што ме поднесуваше во сите нешта, веруваше во сите нешта и ги издржа сите нешта заедно со мене," бидејќи Тој ќе ни го има искалапено нашето срце како еден скапоцен бисер.

Совршената Љубов

,,*Љубовта никогаш не греши; ако постојат дарови на пророштвото, тие ќе престанат; ако се јазици, ќе замолкнат; ако е знаењето, ќе исчезне. Оти понешто знаеме а понешто кажуваме во пророштво; но кога ќе дојде совршеното, ќе исчезне делумното. Кога бев дете, зборував како дете, мислев како дете, расудував како дете; кога станав маж, ги оставив детските нешта. Затоа што сега нејасно како во огледало гледаме, а тогаш ќе гледаме лице во лице; сега знам делумно, но тогаш ќе знам во целост исто како што во целост ќе бидам познаен. А сега остануваат верата, надежта и љубовта; но најголема од нив е љубовта.*" *

1 Коринтјани 13:8-13

Кога ќе отидете на Небесата, ако ви дозволат да понесете со себе едно нешто, што би сакале тоа да биде? Злато? Дијаманти? Пари? Сите овие нешта се бескорисни на Небесата. На Небесата патиштата по кои ќе газите се направени од чисто злато. Она што Богот Отецот го има припремено за нас во нашите места за престој, е толку многу убаво и скапоцено. Бог ни ги разбира срцата и ни ги припрема најдобрите нешта, вложувајќи ја сета Своја сила во тоа. Но сепак постои едно нешто што би можеле да го земеме од оваа земја, кое што ќе биде многу скапоцено на Небесата, а тоа е љубовта. Тоа е љубовта којашто сме ја искултивирале во нашите срца, додека сме живееле тука во овој свет.

Љубовта Е Потребна На Небесата, Исто Така

Кога човечката култивација ќе биде завршена и кога ќе влеземе во Небеското Кралство, сите нешта од оваа земја ќе исчезнат (Откровение 21:1). Псалм 103:15 кажува, „А за човекот, деновите негови се како тревата; како цвеќето на полето, така процветува.“ Дури и нематеријалните нешта како што се богатството, славата и авторитетот ќе исчезнат. Сите гревови и темнината како што се омразата, караниците, зависта и љубомората исто така ќе исчезнат.

Но 1 Коринтјаните 13:8-10 ни кажува, „Љубовта никогаш не греши; ако постојат дарови на пророштвото, тие ќе престанат; ако се јазици, ќе замолкнат; ако е знаењето, ќе исчезне. Оти понешто знаеме а понешто кажуваме во пророштво; но кога ќе дојде совршеното, ќе исчезне делумното.“

Даровите на пророштвата, јазиците и знаењето во Бога се сé духовни нешта, па зошто тогаш ќе исчезнат? Небесата се наоѓаат во духовниот свет и се едно совршено место. На

Небесата сите нешта јасно ќе ги запознаеме. Иако јасно комуницираме со Бога и пророкуваме некои нешта, сосема е различно да се знаат сите нешта во Небеското Кралство. Тогаш ќе можеме јасно да го сватиме срцето на Бога Отецот и на Господа, така што пророштвата веќе нема да бидат потребни.

Истото нешто е и со јазиците. Тука, 'јазиците' се однесува на различните јазици во светот. На земјата постојат многу различни јазици, па така за да можеме да зборуваме со луѓето кои што зборуваат на поинаков јазик, мораме да им го научиме нивниот јазик. Поради културните разлики коишто постојат, мораме да вложиме доста време и напор за да можеме да си ги споделиме срцата и мислите помеѓу себе. Па дури и да зборуваме на ист јазик со луѓето, сепак не можеме во целост да го разбереме срцето и мислите на другите луѓе. Дури и да зборуваме многу учено и елоквентно, елаборирајќи ги своите идеи, сепак не е лесно да им ги пренесеме на луѓето нашите срца и мисли во 100%. Поради зборовите, може да се јават некои недоразбирања и караници помеѓу нас. Постојат исто така и голем број на грешки во зборовите.

Но кога ќе отидеме на Небесата, нема да имаме потреба да се грижиме за сите овие нешта. На Небесата постои само еден јазик. Па затоа нема да има потреба да се грижиме дека нема да ги разбереме другите луѓе. Бидејќи доброто срце ќе биде пренесено онакво какво што е, нема да има никакви недоразбирања или предрасуди.

Истото е и со знаењето. Тука, 'знаењето' се однесува на знаењето на Словото Божјо. Живеејќи на оваа земја ние вредно го учиме Словото на Бога. Низ 66-те книги од Библијата научуваме за начинот како можеме да бидеме спасени и да се здобиеме со вечниот живот. Научуваме за волјата на Бога, но тоа е само дел од Божјата волја, што се однесува на тоа, што треба да направиме за да отидеме на Небесата.

На пример, ги слушаме и практикуваме зборовите како што се, 'Сакајте се помеѓу себе,' 'Немојте да завидувате, немојте да љубоморите,' итн. Но на Небесата постои само љубовта, па затоа нема да ни биде потребно ваквото знаење таму. Иако претставуваат духовни нешта, на крајот и пророштвото, различните јазици и сето знаење исто така ќе исчезнат. Тоа се должи на фактот што тие нешта се потребни само привремено тука на овој физички свет.

Затоа е важно да го знаеме Словото на вистината и да знаеме нешта за Небесата, но најважното од сé е да ја искултивираме љубовта во нашите срца. Сé до она ниво до коешто ќе си ги обрежеме нашите срца и ќе ја искултивираме љубовта, ќе можеме потоа да одиме на подобрите небесни места за живот.

Љубовта Е Вечно Скапоцена

Присетете се само на времето на вашата прва љубов. Колку ли сте се чувствувале среќни! Кога кажуваме дека сме биле заслепени од љубовта, ако навистина сакаме некоја личност, тогаш ние можеме да ги видиме само добрите нешта кај таа личност и сето на светот ни изгледа убаво и прекрасно. Тогаш сончевата светлина ни изгледа многу посјајна од обично и можеме дури и да почувствуваме некоја посебна миризба во воздухот. Постојат некои студии коишто кажуваат дека некои делови од мозокот коишто ги контролираат негативните и критизирачки мисли се помалку активни кај оние луѓе кои што се заљубени. На истиот начин, ако сте исполнети со љубовта на Бога во вашите срца, се чуствувате толку многу среќни, дури и кога не конзумирате храна. На Небесата ваквиот вид на љубов ќе трае засекогаш.

Нашиот живот тука на земјата е нешто налик на животот на

детето ако го споредиме со оној којшто ќе го имаме на Небесата. Едно бебе кое што тукушто почнува да кажува некои зборови, може да каже само некои лесни зборови како што се ʼмамаʻ и ʼтатоʻ. Тоа не може да изрази многу нешта во детали. Исто така, децата не можат да сватат некои комплексни нешта од светот на возрасните. Децата зборуваат, сваќаат и мислат во рамките на нивните способности и знаење, како деца. Тие немаат некој соодветен концепт за вредноста на парите, па ако им се покаже некоја монета и книжна пара, тие природно ја земаат во рацете монетата. Тоа се должи на нивното разбирање и знаење дека со монетите можат да купат колачиња или лижавчиња, но не ја знаат вредноста на книжните пари.

Тоа е слично на нашето сваќање за Небесата, додека сме уште тука на оваа земја. Знаеме дека Небесата се многу убаво место, но имаме потешкотии во изразувањето колку многу убавина има во нив. Во Небесното Кралство не постојат никакви граници, па убавината може до крајно ниво да се изрази. Кога ќе стигнеме на Небесата, ќе можеме да го сватиме безграничниот и мистериозен духовен свет и принципите според коишто тој функционира. Ова е наведено во 1 Коринтјаните 13:11, „Кога бев дете, зборував како дете, мислев како дете, расудував како дете; кога станав маж, ги оставив детските нешта.“

Во Небесното Кралство не постои темнина, ниту грижи, ниту нервози. Таму постојат само добрината и љубовта. Па така ќе можеме колку што сакаме да си ја изразуваме љубовта и да си служиме едни на други. Па затоа, физичкиот свет и духовниот свет се во целост различни. Се разбира, дури и тука на оваа земја, постојат голем број на разлики во сваќањето на луѓето и мисли во согласност со мерката на верата кај секој човек.

Во 1 Јован, глава 2, секое ниво на верата е објаснето како кај малите деца, кај децата, кај младите луѓе и кај татковците. Оние кои што се наоѓаат на нивото во верата на малите деца или на децата, и во духот се како деца. Тие не можат навистина да ги сватат длабоките духовни нешта. Тие имаат мала сила да го практикуваат Словото Божјо. Но кога тие ќе станат млади луѓе и татковци, тогаш нивните зборови, размислувања и дела стануваат поразлични. Тие имаат повеќе способност за да можат да го практикуваат Словото Божјо, и можат да ја извојуваат битката против силата на темнината. Но иако ќе ја постигнеме верата на татковците од оваа земја, сепак можеме да кажеме дека сеуште сме како децата во споредба со времето кога ќе влеземе во Небесното Кралство.

Ќе Ја Чувствуваме Совршената Љубов

Детството е време на припреми за да се стане возрасна личност, и слично на тоа, животот тука на земјата е време на припрема за вечниот живот. Понатаму, овој свет е нешто налик на сенка во споредба со вечното Кралство Небесно и поминува многу бргу. Сенката всушност не е личност. Со други зборови, таа не е реална. Таа претставува само имиц којшто наликува на оригиналното суштество.

Кралот Давид го благословил ГОСПОДА пред целото собрание и кажал, „Затоа што ние сме како придојдени пред Тебе, и потстанари, како што беа и нашите отци; нашите денови на земјата се како сенка, и не постои надежта“ (1 Летописи 29:15).

Кога ќе погледнеме на сенката од некои предмети, можеме да ја насетиме основната надворешна линија на објектите. Овој физички свет е исто така како сенка којашто ни дава само една мала идеја за вечниот свет. Кога сенката, којашто е овој живот на земјата, ќе помине, тогаш вистинскиот ентитет ќе биде јасно открcrien. Во моментот имаме само некои нејасни и замаглени знаења за духовниот свет, како да гледаме во едно огледало. Но кога ќе отидеме во Кралството Небесно, ќе можеме толку јасно да го сватиме, како да се гледаме лице в лице.

1 Коринтјани 13:12 кажува, „Затоа што сега нејасно како во огледало гледаме, а тогаш ќе гледаме лице во лице; сега знам делумно, но тогаш ќе знам во целост исто како што во целост ќе бидам познаен.“ Кога апостолот Павле го напишал Поглавјето на Љубовта, тоа се случило пред 2,000 години. Огледалата во тоа време не биле толку јасни како што се денеска. Тие не биле направени од стакло. Тогаш се дробело среброто, златото или челикот, па се полирале за да ја рефлектираат светлината. Заради тоа огледалата тогаш биле така нејасни и замаглени. Се разбира, некои луѓе го гледаат и чувствуваат Кралството Небесно на еден повиден начин со своите духовни очи, кога тие им се отворени. Сепак, нејасно и замаглено можеме да ја почувствуваме среќата на Небесата.

Подоцна кога ќе влеземе во вечното Кралство Небесно, ние јасно ќе можеме да го видиме секој детал од кралството и директно да го почувствуваме. Тогаш ќе научиме за големината, моќта и убавината на Бога, нешта коишто се над секои зборови на објаснување.

Љубовта Е Најголемото Нешто Помеѓу Верата, Надежта И Љубовта

Верата и надежта се многу важни нешта за да може нашата вера да расте. Ние можеме да бидеме спасени и да одиме на Небесата само ако ја имаме верата. Можеме да станеме Божји чеда само преку верата. Поради тоа што можеме да се здобиеме со спасението, со вечниот живот и со Небесното Кралство, само преку верата, верата е навистина скапоцено нешто.

Ризницата на сите ризници претставува верата; верата е клучот за добивањето одговори на нашите молитви.

А што е со надежта? Надежта исто така претставува скапоцено нешто; преку неа ги добиваме подобрите места за животот на Небесата. Па ако ја поседуваме верата, ние природно ќе ја имаме и надежта. Ако навистина веруваме во Бога и во Небесата и Пеколот, тогаш би ја имале надежта за Небесата. Исто така, ако ја имаме надежта, ќе се обидуваме да станеме осветени и верно да работиме за Божјото Кралство. Верата и надежта се нешто неопходно сè додека не стигнеме во Небесното Кралство. Но 1 Коринтјаните 13:12 ни кажува дека љубовта е најголема, зошто е тоа така?

Како прво, верата и надежта се нешта коишто ни требаат само тука додека го живееме животот на земјата, а во Кралството Небесно ќе остане само духовната љубов.

На Небесата, не мораме да веруваме во ништо без да го видиме или да се надеваме на нешто, бидејќи сето тоа ќе биде таму, токму пред нашите очи. Да претпоставиме дека имате некоја личност која што многу ја сакате, а не се ја виделе веќе недела дена, или можеби десетина години. Тогаш ние ќе имаме многу подлабоки и поголеми емоции кога повторно ќе се сретнеме со неа. Па среќавајќи се со неа, личноста која што не сме ја виделе веќе десет години, дали ќе има уште некој на кого што таа сеуште ќе му недостасува?

Истото важи и за нашите Христијански животи. Ако во себе навистина ја имаме вистинската љубов и вера во Бога, тогаш ќе ја поседуваме и растечката надеж како што времето поминува и како што нашата вера напредува и расте. Нам секојдневно ќе ни недостига Господ сè повеќе и повеќе, како што поминува времето. Оние кои што во себе ја имаат надежта за Небесата на овој начин, никогаш нема да кажат дека сето тоа е тешко, иако одат по потесниот пат тука на земјата и ниедно искушение нема да може да ги поколеба. И кога ќе ја достигнеме крајната дестинација, Небесното Кралство, повеќе нема да имаме потреба за надежта и верата. Но љубовта сепак вечно ќе истрае на Небесата и поради таа причина Библијата ни кажува дека љубовта е нешто најголемо.

Како второ, можеме да ги поседуваме Небесата преку верата, но без љубовта, нема да можеме да влеземе во поубавите места за живот, во Новиот Ерусалим.

Ние можеме насилно да го грабнеме нашето место во Кралството Небесно, сé до оној степен до којшто делуваме со верата и надежта. Ако живееме според Словото Божјо, ги отфрлиме гревовите и си го искултивираме убавото срце, ќе ни биде дадена духовната вера и сходно на мерката на таа духовна вера, ќе ни биде дадено различното место за живот на Небесата: Рајот, Првото Кралство Небесно, Второто Кралство Небесно, Третото Кралство Небесно и Новиот Ерусалим.

Рајот е наменет за оние кои што ја имаат верата да бидат спасени само со прифаќањето на Исуса Христа. Тоа значи дека тие немаат направено ништо за кралството на Бога. Првото Кралство Небесно е наменето за оние кои што се обидувале да живеат според Словото Божјо, откако веќе го прифатиле Исуса Христа. Тоа е многу поубаво место од Рајот. Второто Кралство Небесно е наменето за оние кои што живееле според Словото на Бога со сета своја љубов за Него и кои што му биле верни на Божјото кралство. Третото Кралство Небесно е наменето за оние кои што го сакаат Бога до еден врвен степен и кои што ги отфрлиле сите форми на злото, за да станат осветени. Новиот Ерусалим е наменет за оние кои што во себе ја имаат верата којашто му е угодна на Бога и кои што биле верни во сета Божја куќа.

Новиот Ерусалим претставува Небесно место за живот кое што им се дава на оние чеда Божји кои што ја имаат усовршено совршената љубов преку верата, и претставува кристалоид на љубовта. Всушност никој освен Исуса Христа, единствениот еднороден Син на Бога, ја нема квалификацијата да биде способен да влезе во Новиот Ерусалим. Ние суштествените созданија можеме исто така да се здобиеме со квалификациите за да можеме да влеземе таму, ако бидеме оправдани преку скапоцената крв на Исуса Христа и ако во себе ја поседуваме совршената вера.

За да можеме да наликуваме на Господа и да живееме во Новиот Ерусалим, мораме да го следиме патот којшто го превзел нашиот Господ. Тоа е патот на љубовта. Само преку ваквата љубов ќе можеме да ги носиме деветте плодови на Светиот Дух и Блаженствата, за да бидеме вредни да станеме вистинските чеда Божји кои што ги поседуваат карактеристиките на Господа. Откако еднаш ќе ги добиеме квалификациите на вистинските Божји чеда, ќе можеме да добиваме било што да посакаме тука на земјата, и ќе ја имаме привилегијата да можеме засекогаш да чекориме со Господа, на Небесата. Заради тоа ќе можеме да отидеме на Небесата кога ќе ја поседуваме верата и ќе можеме да ги отфрлиме сите гревови, кога во себе ќа ја имаме надежта. Поради наведените причини, надежта и верата се навистина потребни нешта, но љубовта е најголемото од сите нешта, бидејќи само преку неа ќе можеме да влеземе во Новиот Ерусалим.

„И не должете никому ништо освен љубовта еден за друг;

затоа што оној кој што го сака својот ближен, го исполнува

Законот. Бидејќи законите, 'Не чини прељуба, не убивај, не

кради, не посакувај туѓо,' и ако постои некоја друга заповед, и

таа, е содржана во следното кажување, 'Сакај го ближниот

како што се сакаш самиот себеси.' Љубовта не му прави зло

на ближниот; па затоа љубовта е исполнување на Законот.“

Римјани 13:8-10

Дел 3

Љубовта Е Исполнување На Законот

Љубовта На Бога

„И ние ја познавме и поверувавме во љубовта којашто Бог ја има за нас. Бог е љубовта, па затоа и оној кој што пребива во таа љубов, пребива во Бога а и Бог во него.“

1 Јован 4:16

Додека работел со Кечуанските Индијанци, Елиот почнал да се припрема за пристигнувањето кај племето на надалеку познатите по насилство Хуаорани Индијанци. Тој и четирите други мисионери, Ед МекКали, Роџер Јудериан. Петер Флеминг и нивниот пилот Нејт Сеинт направиле контакт од нивниот авион со ова племе, употребувајќи мегафон и една кошница, за да им дадат подароци. Неколку месеци подоцна, луѓето одлучиле да направат база во близина на Индијанското племе, покрај реката Курарej. Таму на неколку наврати им пришле мали групи од племето Хуаорани и дури и провозале во авионот еден од нив кој што бил многу љубопитен, кого го нарекле „Џорџ" (а неговото вистинско име било Најенкиви). Охрабрени со ваквите пријателски средби, тие почнале да ја планираат посетата на племето Хуаорани, но нивните планови останале неисполнети поради доаѓањето на поголема група на индијанците кои што го убиле Елиот и неговите четири сопатници, на ден 8-ми јануари, 1956-та година. Телото на Елиот нагрдено и унаказено било најдено подолу по речниот тек, заедно со телата на другите луѓе, освен телото на Ед МекКали.

Елиот и неговите пријатели веднаш станале познати ширум светот како маченици, и магазинот Лајф публикувал една статија од 10-тина страници, соопштувајќи за нивната мисија и смрт. Ним им припаднал искречкиот интерес за Христијанските мисии помеѓу младите луѓе од нивното време, и сеуште се сметаат за охрабрување на Христијанските мисии ширум светот. По смртта на нејзиниот маж, Елизабет Елиот и другите мисионери започнале со работа меѓу Аука Индијанцијте, каде што забележале значаен ефект придобивајќи голем број на преобратени индијанци. Големиот број на души биле придобиени преку љубовта на Бога.

И не должете никому ништо освен љубовта еден за друг; затоа што оној кој што го сака својот ближен, го исполнува Законот. Бидејќи законите, 'Не чини прељуба, не убивај, не кради, не посакувај туѓо,' и ако постои некоја друга заповед, и таа е содржана во следното кижување, 'Сакај го ближниот како што се сакаш самиот себеси.' Љубовта на му прави зло на ближниот; па затоа љубовта е исполнување на Законот. (Римјани 13:8-10).

Најврвното ниво на љубовта помеѓу сите видови на љубов е љубовта на Бога за нас. Создавањето на сите нешта и на човечките суштества исто така потекнува од љубовта на Бога.

Бог Од Љубов Ги Создал Сите Нешта И Човечките Суштества

Во почетокот Бог пребивал во огромен простор од универзумот во Самиот Себеси. Овој универзум бил поинаков од универзумот којшто денеска го познаваме. Тој тогаш претставувал еден огромен простор без почеток или крај и без било какви граници. Сите нешта биле направени според волјата на Бога и според она што Тој го чувал во Своето срце. Тогаш, ако Бог прави и има сѐ што ќе посака, зошто тогаш Тој ги создал човечките суштества?

Тој посакувал да има вистински чеда со коишто би можел да ја споделува убавината на Својот свет, во којшто уживал. Тој посакал да го споделии просторот каде што сѐ се случувало во согласност со Неговата волја. Тоа е нешто слично на човечкиот ум; ние отворено би сакале да ги споделиме добрите нешта со оние кои што ги сакаме. Со ваквата надеж, Бог ја испланирал човечката култивација, за да може да се здобие со вистинските Свои чеда.

Како Свој прв чекор, Тој го поделил универзумот на физички и духовен свет и ги создал небесните домаќини и ангелите, другите духовни битија и сите неопходни нешта во духовниот свет. Тој направил простор каде што Самиот ќе пребива, го создал Кралството Небесно каде што ќе живеат Неговите вистински чеда, а потоа го создал и просторот за човечките суштества, кои што треба да поминат низ процесот на човечката култивација. После еден неизмерлив временски период, Тој ја создал планетата Земја во физичкиот свет, заедно со сонцето, месечината и ѕвездите, ја создал природната околина и сите нешта коишто биле неопходни за животот на луѓето.

Околу Бога има безброј духовни битија како што се ангелите, но тие му се безусловно покорни, нешто како што се роботите. Тие не претставуваат суштества со коишто Бог би можел да ја сподели Својата љубов. Поради таа причина Бог ги создал луѓето, кои биле направени по Неговиот лик, со намера да се здобие со виситнските чеда, со коишто би можел да ја сподели Својата љубов. Ако постојат некои роботи коишто имаат убави лица и коишто прават сé што ќе побарате од нив, дали тие би можеле да ги заменат вашите деца? Вашите деца, дури и да не ве слушаат одвреме навреме, сепак ќе бидат многу поубави од роботите, затоа што тие можат да ја почуствуваат вашата љубов и да ја изразат својата љубов за вас. Истото се случува и со Бога. Тој ги посакува вистинските чеда со кои што може да си ја размени љубовта од Своето срце. Воден од ваквата Своја љубов, Бог го создал првиот човек, а тоа бил Адам.

Откако Бог го создал Адама, Тој направил градина во местото коешто било наречено Едем, сместена кон исток и го сместил таму. Градината Едемска му била дадена на Адама. Таа претставува едно мистериозно убаво место, каде што цвеќињата и дрвјата убаво успеваат, а наоколу се шетаат многу убави животни. Насекаде можат да се видат обилни убави плодови. Ветрињата коишто таму струјат се толку многу меки што наликуваат на галењето со свила, а тревата нежно шепоти. Водата извира во пена којашто наликува на скапоцените камења коишто ја отсјајуваат својата убавина на сонцето. Убавината на ова место не може во целост да се објасни ниту со употребата на најголемата имагинација од страна на луѓето.

Бог, исто така на Адама му дал и еден помошник, а тоа била жената по име Ева. Тоа не било направено поради чувството на осаменост кај Адама. Бог многу добро го познавал Адамовото срце, бидејќи Тој самиот долго време сам пребивал во вечноста. Понатаму Адам и Ева, во тие најдобри животни услови, егзистирале и чекореле заедно со Бога, во текот на еден неизмерлив временски период, уживајќи во големиот авторитет којшто им бил даден од страна на Бога.

Бог Ги Културвира Човечките Суштества За Да Се Здобие Со Своите Вистински Чеда

Но на Адама и Ева им недостасувало нешто за да можат да бидат вистинските чеда Божји. Иако Бог им ја подарил Својата љубов до еден најврвен степен, тие не можеле навистина да ја почувствуваат таа љубов. Тие уживале во сите нешта коишто им биле дадени од страна на Бога, но немало ништо што тие би го добиле со употреба на своите сопствени напори. Па сходно на тоа, тие не можеле да ја сватат скапоценоста на Божјата љубов и не чувствувале благодарност за неа. Понатаму, тие никогаш немале почувствувано смрт или несреќа, па затоа и не ги познавале вистинските вредности на животот. Тие никогаш не почувствувале омраза, па затоа и не можеле да ја сватат вистинската вредност на љубовта. Иако имале чуено и знаеле за вистинската љубов како едно умствено знаење, но не можеле да ја почувствуваат таа љубов во своите срца, затоа што го немале непосредното искуство коешто би им го овозможило тоа.

Причината зошто Адам и Ева пробале од плодот на дрвото за познавањето на доброто и злото, лежи тому тука. Бог рекол, „...бидејќи на денот кога ќе пробате од него, вие сигурно ќе умрете,“ но тие не го познавале целосното значење на смртта (Битие 2:17). Дали Бог не знаел дека тие ќе пробаат од плодот на дрвото за познавањето на доброто и злото? Се разбира дека знаел. Тој го знаел тоа, но сепак им ја дал на Адама и на Ева слободната волја да го направат изборот на покорноста. Во ова лежи провидението за човечката култивација.

Низ процесот на човечката култивација, Бог сакал целото човештво да ги искуси солзите, тагата, болката, смртта итн, за подоцна кога ќе дојдат на Небесата, да можат вистински да ја ценат скапоценоста на небесните нешта и да можат да уживаат во вистинската среќа којашто владее во тоа место. Бог сакал вечно, на Небесата, да ја споделува Својата љубов со нив, на местото коешто неспоредливо е поубаво од Градината Едемска.

Откако Адам и Ева не го испочитувале Словото Божјо, тие повеќе не можеле да живеат во Градината Едемска. Па бидејќи Адам исто така го изгубил и својот авторитет како господар на сите суштества, сите животни и растенија биле исто така проколнати. Земјата којашто порано била преполна со изобилство и убавина, исто така била проколната. Сега таа почнала да дава трње и троскот, а луѓето не можеле да пожнеат ништо без напорна работа и без потта на нивните чела.

Иако Адам и Ева не го послушале Бога, Тој сепак направил облека од кожа за нив, затоа што тие сега ќе морале да живет во една сосем различна средина (Битие 3:21). Божјото срце мора да чувствувало голема болка, слично на ситуацијата кога родителите си ги испраќаат своите деца некаде, каде што се припремаат за својата иднина. И покрај оваа љубов од Бога, набргу по започнувањето на човечката култивација, луѓето се извалкале и направиле многу дамки од гревовите, оддалечувајќи се при тоа сѐ подалеку од Бога.

Римјаните 1:21-23 кажува, „Зошто иако го познаа Бога, тие не Го испочитуваа како Бог ниту Му ја оддадоа благодарноста, туку се заблудија во своите шпекулации, и нивното неразумно срце им се помрачи. Исповедајќи се како мудри, тие обезумија и славата на вечниот Бог ја заменија со облик и форма на смртен човек, на птиците, на четороножните животни и на влекачите.“

Поради ваквото грешно човештво, Бог ја искажал Својата љубов и провидение низ од Него избраните луѓе на Израелот. Од една страна, кога тие живееле според Словото на Бога, Тој им покажувал некои прекрасни знаци и чудеса и им подарил големи благослови. Од друга страна, кога се оддалечиле од Бога и почнале да обожуваат идоли, извршувајќи голем број на гревови, Бог им испратил голем број на пророци, за да им ја изрази Својата љубов.

Еден од овие пророци бил Осија, кој што бил активен во времето на темната ера, кога Израел бил поделен на северен дел, Израел и на јужниот дел, Јудеја.

Еден ден Бог му кажал специјална наредба на Осија, кажувајќи му, „Оди и земи жена блудница, па роди деца во блудството“ (Осија 1:2). Било незамисливо еден Божји пророк да ожени жена блудница. Иако не ја разбирал во целост намерата на Бога, Осија му се покорил на Неговото Слово и се оженил со жената по име Гомер.

Тие изродиле три деца, но Гомер отишла кај друг човек, следејќи си ја својата похота. Но и покрај тоа, Бог му наложил на Осија да си ја сака жената (Осија 3:1). Осија ја побарал и си ја земал назад купувајќи ја за петнаесет сребрени шекели и за гомер и полугомер јачмен.

Љубовта којашто Осија ѝ ја пружил на Гомер ја симболизира љубовта којашто Бог ни ја дава нам. И Гомер, блудната жена го симболизира целото човештво кое што е извалкано и полно со дамките на гревот. Исто како што Осија ја земал жената блудница за своја жена, исто така Бог не сака нас, кои што сме извалкани и полни со дамки од гревовите и живееме на овој свет.

Тој ја покажал Својата бескрајна љубов, надевајќи се дека секој ќе се отргне од својот пат кон смртта и ќе постане Негово чедо. Иако тие се спријателиле со светот и се оддалечиле себеси од Бога, Тој сепак не кажал, „Вие ме напуштивте, сега не можам да ве примам назад.“ Тој единствено посакува секој човек да му се врати и го посакува тоа со поискрено срце од она на родителите, кои што си ги очекуваат децата кои што избегале од дома, да им се вратат назад.

Бог Го Припремил Исуса Христа Уште Од Пред Почетокот На Времето

Параболата за блудниот син, којашто е опишана во Лука 15, експлицитно ни го покажува срцето на Бога Отецот. Вториот син кој што уживал во богатиот живот уште од детството, во своето срце не можел да ја има благодарноста кон својот татко, ниту да ја свати вредноста на животот којшто го живеел. Еден ден тој го замолил својот татко да му го даде наследството однапред. Тој бил типичен пример за размазено дете, кое што си ги бара парите од наследството однапред, додека неговиот татко сеуште бил жив.

Таткото не можел да го запре својот син, бидејќи тој воопшто немал разбирање за срцето на својот татко, па затоа му ги дал парите од неговото наследство. Синот бил навистина среќен и отишол на патување. Болката на неговиот татко започнала во тој момент. Тој постојано бил загрижен и си помислувал нешта како, „Што ако биде повреден? Што ако се соочи со некои зли луѓе?" Таткото не можел ниту да спие мислејќи и грижејќи се за својот син, по цел ден гледајќи во хоризонтот што се пружал пред неговите очи, надевајќи се дека неговиот син ќе се врати дома.

Набргу, средствата коишто ги имал синот се потрошиле, па луѓето почнале да го малтретираат. Тој бил во така тешка ситуација што сакал својата глад да ја изгаси со јадењето на мешунките коишто им биле фрлени на свињите за јадење, но никој не сакал ништо да му даде. Тој тогаш се присетил на куќата на својот татко, затоа се вратил дома, но не можел од срам ниту да ја подигне главата. Но таткото, кога го видел, веднаш потрчал кон него и го бакнал. Тој не го обвинувал за било што, туку бил навистина среќен што го гледа, што го облекол во најубавите алишта и убил едно теле за да направи забава во чест на неговото враќање. Ова покажува каква е љубовта на Бога.

Божјата љубов не им се дава само на некои специјални луѓе и во некое специјално време. 1 Тимотеј 2:4 кажува, „[Бог] пожелува сите луѓе да бидат спасени и да ја дознаат вистината." Тој цело време ја држи портата за спасението отворена и кога и да некоја душа се врати кај Него, Тој ја пречекува со огромна радост и среќа.

Со ваквата љубов на Бога, кој што не нé напушта се до самиот крај, овој пат за спасението е отворен за секоја душа. Бог е тој кој што го припремил својот единсвен, единороден Син, Исус Христос, за нас. Како што е запишано во Евреите 9:22, „И скоро сé според Законот со крв се очистува, и без пролевање на крв нема спасение,“ Исус ја платил цената за гревовите, којашто грешниците требале да ја платат, пролевајќи ја Својата скапоцена крв и давајќи го Својот живот за нас.

1 Јован 4:9 ни зборува за љубовта на Бога, како што е запишано, „Божјата љубов кон нас се покажа во тоа што го испрати Својот единствен и единороден Син на овој свет, за преку Него ние да можеме да живееме.“ Бог направил Исус да ја пролее Својата скапоцена крв за да го искупи човештвото за неговите гревови. Исус бил распнат, но ја надминал смртта, воскреснувајќи на третиот ден од Неговата смрт, заради фактот што бил безгрешен. Преку ова ни бил отворен патот за нашето спасение. Да се даде Својот единствен, единороден Син не е така лесно, како што звучи. Една Корејска поговорка гласи вака, „Родителите нема да почувствуваат болка дури и физички да им ги стават нивните деца во очите.“ Повеќето од родителите чувствуваат дека животите на нивните деца се повредни од нивните сопствени животи.

Затоа, чинот на давањето на Својот единствен, единороден Син, ја покажува Божјата голема љубов за нас. Понатаму Бог го припремил Кралството Небесно за оние чеда кои што ќе ги добие назад, преку крвта на Исуса Христа. Колку ли е голема и прекрасна оваа Негова љубов за нас! Сепак Неговата љубов за нас, не завршува тука.

Бог Ни Го Дал Светиот Дух За Да Не Води Кон Небесата

Бог ни го подарил Светиот Дух како дар на нас кои што го прифаќаме Исуса Христа и ја примаме прошката за нашите гревови. Светиот Дух е срцето на Бога. Уште од времето на вознесувањето на Господа на Небесата, Бог ни го испратил Помошникот, Светиот Дух во нашите срца.

Римјаните 8:26-27 следи вака, „На истиот начин и Духот исто така нé поткрепува во нашите немоќи; бидејќи не знаеме да се молиме како што би требало, туку Духот Самиот посредува за нас со неискажливо воздивнување; а Оној кој што ги истражува срцата, знае каква е мислата на Духот, бидејќи Тој по волјата на Бога посредува за светиите.“

Кога ќе згрешиме, Светиот Дух не поведува кон покајанието, со неискажливото воздивнување. На оние кои што ја имаат слабата вера, Тој им ја дава верата; на оние кои што немаат надеж, Тој им ја дава надежта. Исто како што мајката внимателно и нежно ги теши и се грижи за своите деца, Тој ни го дава Својот глас, за да не бидеме повредени на било кој начин. На овој начин, Тој ни дозволува да го познаеме срцето на Бога, кој што не сака, и не поведува кон Кралството Небесно.

Ако длабоко ја сватиме оваа љубов, не можеме а да не го сакаме Бога после тоа. Ако со целото свое срце го сакаме Бога, Тој тогаш ќе ни возврати со големата и прекрасна љубов, којашто целосно ќе не прекрие. Тој тогаш ќе ни го подари доброто здравје, и ќе нé благослови, така што сé ќе ни оди добро во животот. Тој го прави тоа, поради тоа што сето тоа е направено во согласност со законот на духовниот свет, но најважно од сé, го прави тоа затоа што сака да ја почувствуваме Неговата љубов, низ благословите коишто ќе ги примиме од Него. „Ги сакам оние кои што Мене Ме сакаат; а оние кои што вредно Ме бараат, ќе Ме најдат“ (Изреки 8:17).

Што сте почувствувале во моментот кога за прв пат сте го сретнале Бога и сте ги примиле оздравувањето или решенијата на различните ваши проблеми? Вие мора да сте почувствувале и помислиле дека Бог ги сака дури и грешниците како што сте вие. Тогаш верувам дека длабоко од срцето сте се исповедале на следниот начин, „Кога би можеле со мастило океаните да ги наполниме, а небото од пергамент да го направиме, за да ја запишеме љубовта на Бога би ги испразниле сите океани." Исто така верувам дека сте биле обземени од љубовта на Бога, кој што ви ги дал вечните Небеса, каде што нема грижи, нема тага, нема болести, нема поделби и не постои смртта.

Од почетокот ние го немаме сакано Бога. Тој бил првиот кој што ни пришол и ни ја испружил Својата рака кон нас. Тој не нé сакал заради тоа што ние заслужуваме да бидеме сакани. Бог толку многу не сакал, што одлучил да го даде Својот единствен, еднороден Син за нас, грешниците осудени на смрт. Тој ги сака сите луѓе и се грижи за сите нас, со љубовта којашто е поголема дури и од онаа на мајката за своето бебе доенче (Исаија 49:15). Тој не очекува да се вратиме кај Него, како да илјадата години се всушност еден ден.

Божјата љубов е вистинската љубов којашто не се менува ниту со минувањето на времето. Подоцна кога ќе дојдеме на Небесата, нашите усни ќе останат отворени од запрепастување, гледајќи ги убавите круни, убавата сјајна облека и нашите небесни куќи, изградени од злато и скапоцени камења, коишто Бог ги има припремено за нас. Тој ни дава награди и подароци дури и за време на нашите земни животи тука на земјата, желно исчекувајќи го денот кога ќе бидеме заедно со Него, во Неговата вечна слава. Ајде да ја почувствуваме Неговата голема љубов.

Љубовта На Христа

,, ...и чекорете во љубовта, исто како што Христос

нé сакаше и се предаде Себеси за нас, како жртвата и

приносот со прекрасната арома кон Бога."

Ефесјаните 5:2

Љубовта ја поседува големата сила со којашто може да направи невозможното да стане возможно. Специјално се прекрасни љубовта на Бога и на Господа. Тие ја имаат моќта да ги направат некомпетентните луѓе, неспособни ефективно ништо да направат, во компетентни луѓе кои што можат било што да направат. Кога необразуваните рибари, порезници – кои што во тоа време се сметале за грешници – сиромашните, вдовиците и запоставените луѓе од светот, го сретнале Господа, нивните животи во целост се измениле. Нивната сиромаштија и болести биле разрешени и тие ја почувствувале вистинската љубов којашто претходно никогаш порано ја немале искусено. Тие се сметале себеси за невредни личности, но биле повторно родени како славни инструменти на Бога. Во ова се огледа силата и моќта на љубовта.

Исус дошол на земјата отфрлајќи ја сета небесна слава

Во почетокот Бог бил Словото и Словото се симнало на земјата во човечко тело. Тоа бил Исус, единствениот, единороден Син на Бога. Исус дошол на земјата за да го спаси со гревови врзаното човештво, кое што чекорело по патот на смртта. Името 'Исус' значи 'Тој ќе го спаси Својот народ од неговите гревови' (Матеј 1:21).

Сите овие, со грев извалкани луѓе станале такви што не се разликувале од животните (Еклизијаст 3:18). Исус бил роден во шталата со животните, за да ги искупи луѓето кои што заборавиле што требало да прават и кои што затоа не биле подобри од самите животни. Тој бил положен во јаслите коишто биле наменети за хранење на животните, за да стане

Љубовта На Христа

вистинска храна за луѓето кои што се такви (Јован 6:51). Тоа било направено со намера да им дозволи на луѓето да си го повратат изгубениот лик на Бога и да си ја исполнат во целост својата должност.

Исто Матеј 8:20 ни кажува, „Лисиците имаат легла а птиците небесни гнезда, а Синот Човечки нема каде да си ја стави главата Своја.“ Како што тука е кажано, Тој немал место каде што можел да се одмори и во текот на ноќта морал да остане по полињата, трпејќи го студот и дождот. Тој многупати одел без храна и бил гладен. Тоа не било поради тоа што бил неспособен да си го обезбеди тоа. Сето тоа било за да не искупи нас од сиромаштијата. 2 Коринтјаните 8:9 кажува, „Затоа што вие ја знаете милоста на нашиот Господ Исус Христос, кој иако богат, заради нас стана сиромашен, за да можеме и ние преку Неговата сиромаштија да станеме богати.“

Исус го започнал Своето свештенствување со знакот на правењето вино од водата, за време на свадбениот банкет во Кана. Тој проповедал за Кралството на Бога и изведувал многу знаци и чудеса, во областите на Јудеја и Галилеја. Голем број на лепрозни луѓе биле излекувани, сакатите проодувале и почнувале да поскокнуваат, а оние кои што страдале од опседнатоста со демоните, биле ослободени од силата на темнината. Дури и личноста којашто била мртва во текот на четири денови и почнала да мириса на изгниеност, била подигната во живот од Него (Јован 11).

Исус манифестирал толку многу чудесни нешта во текот на Своето свештенствување тука на земјата, за да им дозволи на луѓето да ја сватат Божјата љубов. Понатаму бидејќи изворно е едно со Бога и со самото Слово, Тој во целост го исполнувал Законот, за да ни даде еден совршен пример нам. Исто така, бидејќи Тој Самиот го исполнувал во целост Законот, Тој не ги осудувал оние кои што го прекршувале Законот и кои што требало да паднат во смртта. Тој само ги обучувал луѓето на вистината, надевајќи се дека голем број души ќе се покајат и ќе го примат спасението.

Ако Исус стриктно му ја одмерувал вината на секого во согласност со Законот, тогаш ниту една душа не би можела да го прими спасението. Законот ги содржи заповедите на Бога коишто ни кажуваат што треба да правиме, што не треба да правиме, што да отфрлиме и што да зачуваме. На пример, постојат некои заповеди коишто гласат вака, ʼзачувај ја светоста на Сабатот; не го пожелувај имотот на својот ближен; почитувај ги своите родители; и отфрли ги сите форми на злоʻ. Крајната дестинација на сите закони е љубовта. Ако ги одржувате сите одредби на законот, тогаш барем однадвор ќе можете да ја практикувате љубовта.

Но она што Бог го посакува од нас не е само да го зачуваме Законот со нашите дела. Тој сака ние да го практикуваме Законот со сета наша љубов од срцето. Исус добро го познавал ваквото срце на Бога и го исполнувал Законот со љубов. Еден од најдобрите примери е случајот со жената која што била фатена во самиот чин на извршувањето на прељубата (Јован 8). Еден ден, книжниците и Фарисеите ја донеле жената која што била фатена во чинот на прељубата, ја ставиле во ценатарот на толпата луѓе и го запрашале Исуса: „А Мојсеј во Законот ни заповеда таквите да ги каменуваме; што велиш Ти?“ (Јован 8:5)

Љубовта На Христа

Тие го кажале сето тоа со намера да најдат основа за да можат да подигнат обвиненија против Исуса. Што мислите вие дека жената чувствувала во тој момент? Таа сигурно била посрамена поради тоа што нејзиниот грев бил јавно откриен и мора да чувствувала голем страв поради тоа што знаела дека наскоро ќе ја каменуваат до смрт. Ако Исус кажал, „Каменувајте ја," нејзиниот живот веднаш би завршил од ударите на камењата по нејзиното тело.

Исус сепак не им кажал да ја казнат во согласност со Законот. Наместо тоа, Тој се навел и почнал да пишува нешто на земјата со Својот прст. Тоа биле всушност гревовите коишто луѓето вообичаено ги правеле. Откако ги навеле нејзините гревови, Тој застанал и кажал, „Кој од вас е без грев, прв нека фрли камен на неа" (с. 7). Потоа пак се наведнал долу, за да напише нешто.

Овој пат, Тој ги запишал гревовите на секоја присутна личност, како да ги имал видено, каде и како ги имале извршено. Оние кои што ги почуствувале измачувањата на совеста, еден по еден почнале да го напуштаат местото. На крајот останале само Исус и жената. Следните стихови 10 и 11 ни кажуваат, „Исправи се, й кажа Исус на жената, 'Жено, каде се тие што те обвинуваа?' 'Никој ли не те осуди?', Таа рече 'Никој, Господи'. И Исус й рече, 'Ниту Јас не те осудувам. Оди си, и немој повеќе да грешиш.'"

Дали жената не знаела дека казната за прељубата е смртта со каменување? Се разбира дека знаела. Таа го знаела Законот, но го сторила гревот поради тоа што не можела да ја победи својата похота. Таа единствено потоа чекала да се исполни Законот и да биде каменувана до смрт, заради својот грев, кога неочекувано го искусила проштевањето од страна на

Исуса, и сигурно била длабоко трогната поради тоа! Ако ја запаметела Исусовата љубов, таа повеќе никогаш немало да згреши во животот.

Бидејќи Исус со Својата љубов ѝ простил на жената што го прекршила Законот, дали тоа значи дека законот е застарен, ако во нас ја имаме љубовта за Бога и за нашите ближни? Се разбира дека не е. Исус кажал, „Немојте да мислите дека сум дошол да ви ги поништам Законот или Пророците; не сум дојден да ги поништам, туку сум дојден да ги исполнам" (Матеј 5:17).

Ние ќе бидеме во состојба да ја практикуваме волјата на Бога на еден посовршен начин, бидејќи го имаме Законот. Ако некоја личност само каже дека го сака Бога, ние не можеме да измериме колку е длабока таа нејзина љубов. Но мерката на нејзината љубов може да биде измерена и проверена поради тоа што постои Законот. Ако таа личност навистина го сака Бога, тогаш таа од сѐ срце ќе ги исполнува Законите на Бога. За таквата личност нема да биде тешко да ги зачува Законите. Понатаму, сѐ до нивото до коешто на соодветен начин го исполнуваме Законот, ќе можеме да ги примаме Божјата љубов и благословите.

Но правниците од времето на Исуса не биле заинтересирани за љубовта на Бога којашто е содржана во Законот. Тие не се фокусирале на тоа да си ги осветат своите срца, туку се осврнувале само на зачувување на формалностите. Тие се почувствувале задоволни и горди поради тоа што надворешно го исполнуваат Законот. Тие помислиле дека го зачувуваат Законот и поради тоа веднаш биле спремни да им судат и да ги осудат оние кои што го прекршувале Законот. Кога Исус им го објаснил вистинското значење коешто е содржано во Законот и ги поучил за срцето на Бога, тие кажале дека Исус не бил во право и дека е опседнат од демоните.

Поради тоа што Фарисеите во себе ја немале љубовта, целосното почитување на Законот не им донело никаква корист на нивните души (1 Коринтјаните 13:1-3). Тие не успеале да го отфрлат злото од своите срца, туку само ги суделе и осудувале другите луѓе, оддалечувајќи се себеси со тоа од Бога. Конечно, тие сториле грев, распнувајќи го Синот на Бога, грев којшто не можел да биде вратен назад.

Исус Го Исполнил Провидението На Крстот Преку Покорноста До Смртта

Кон крајот на тригодишното свештенствување, Исус отишол на Елеонската Гора, токму пред да започнат Неговите страдања. Како што ноќта сѐ повеќе настапувала, Исус искрено се молел, соочувајќи се со претстоечкото распетие. Неговата молитва била еден крик за спасение на сите души преку Неговата крв, којашто била целосно невина и безгрешна. Тоа била молитва преку која ја барал силата да ги надмине страдањата коишто му претстоеле на крстот. Тој многу ревносно се молел; така што Неговата пот станала како капки од крв, коишто паѓале на земјата (Лука 22:42-44).

Таа ноќ, Исус бил фатен од страна на војниците и бил воден од едно на друго место за да биде испитуван. На крајот, Тој ја добил смртната пресуда, во судот кај Пилата. Римските војници му ставиле круна од трње на главата, го плукале и го удирале, пред да го поведат на местото за егзекуција (Матеј 27:28-31).

Неговото тело било прекриено со крв. Него му се подбивале и бил камшикуван во текот на целата ноќ, за потоа да морал да го понесе Својот крст на местото Голгота, за да биде распнат. Голема толпа на луѓе го следела по патот. Тие еднаш пред тоа го пречекале со извиците „Осана" но тогаш станале разјарена толпа којашто извикувала, „Распнете Го!" Исусовото лице било толку многу прекриено со крв, што било целосно непрепознатливо. Целата Негова сила била извлечена од Него, поради болките коишто ги претрпел за време на измачувањето, па му било навистина тешко да направи дури и еден чекор.

Откако стигнал на местото Голгота, Исус бил распнат, за да ни ги искупи нашите гревови. За да ги искупи нашите гревови, коишто потпаѓале под Законот којшто кажува дека платата за гревот е смртта (Римјани 6:23), Тој бил обесен на дрвениот крст и ја пролеал сета Своја крв. Тој ни ги простил нашите гревови извршени во мислите, со тоа што ја носел круната од трње на Својата глава. Бил прободен низ Неговите раце и нозе за да ни се простат гревовите направени со нашите раце и нозе.

Неразумните луѓе кои што не го знаеле овој факт, му се подбивале и му се потсмевале, гледајќи го како виси закован на крстот (Лука 23:35-37). Но дури и под таквата неиздржлива болка, Исус се молел за спасението и прошката на оние кои што го распнувале, како што е запишано во Лука 23:34, „Оче, прости им; затоа што не знаат што прават."

Распетието бил еден од најсуровите начини на егзекуција во тоа време. Осуденикот морал долго време да ги трпи болките на страдањето, многу повеќе отколку во другите видови на казни. Рацете и нозете на луѓето им биле заковани за крстот, а со тоа и нивното месо било растргано. Тогаш се случува и многу озбилна дехидрација и неправилност во циркулација на крвта. Ова пополека предизвикува влошување во работата на сите внатрешни органи. Оние кои што биле казнети на ваков начин, исто така морале да ги истрпат и страдањата нанесени од убодите на инсектите коишто биле привлечени со мирисот на крвта.

Што си мислите дека Исус помислувал додека бил обесен на крстот? Тој не мислел на огромната болка којашто ја чувствувал низ целото Свое тело. Наместо тоа Тој си помислувал за причината зошто Бог ги создал луѓето, за значењето на култивацијата на луѓето на земјата и за причината зошто Тој морал да се жртвува Себеси, како откупителна жртва за човечките гревови, нудејќи ја од сé срце Својата молитва на благодарноста.

Откако Исус во текот на шест часа ги истрпел страдањата на болките од казната, Тој кажал, „Жеден сум“ (Јован 19:28). Тоа била духовна жед, којашто значела жед за поведувањето на душите коишто чекореле по патот на смртта, кон спасението. Помислувајќи си на безбројните души коишто ќе живеат во иднина на оваа земја, Тој се молел пораката на крстот да им биде предадена на што поголем број луѓе, и да доведе до нивно спасение.

На кајот Исус рекол, „Се сврши!“ (Јован 19:30) и го издишал Својот последен здив, кажувајќи, „Оче, во Твоите раце го предавам Мојот дух“ (Лука 23:46). Тој го предал Својот дух во рацете на Бога, бидејќи си ја завршил обврската да го отвори патот за спасението на целото човештво, со тоа што Самиот станал откупителна жртва. Тоа исто бил и

Љубов: Исполнување На Законот

моментот кога се исполнила најголемата љубов.

Од тогаш па наваму, ѕидот на гревот којшто стоел помеѓу Бога и нас бил срушен, и ни било овозможено да комуницираме директно со Него. Пред тоа, првосвештениците морале да понудуваат жртви за прошка на гревовите на луѓето, но тоа веќе не е случај. Секој кој што верува во Исуса Христа може да дојде во светилиштето на Бога и директно да го обожува Бога.

Исус Со Љубов Ги Припрема Небесните Места За Престој

Пред да го земе крстот, Исус им кажал на своите ученици за нештата коишто требале да се случат. Тој им кажал дека ќе го земе крстот за да го исполни провидението на Бога Отецот, но учениците биле загрижени слушајќи ги тие зборови. За да ги утеши Тој им објаснил за небесните места за живот.

Јован 14:1-3 кажува, „Не дозволувајте да ви се плаши срцето ваше; верувајте во Бога, и во Мене верувајте. Во домот на Мојот Отец има многу места за живеење; а да немаше, ќе ви кажев; одам да ви припремам место за вас. И кога ќе ви приготвам место за вас, Јас пак ќе дојдам за да ве земам при Себе, за да бидете и вие каде што сум Јас.“ Всушност Тој ја надминал смртта и воскреснал, па потоа се вознесол на Небесата, пред очите на голем број луѓе. Тој отишол за да ни припреми небесни места за живот за нас. Што значи тоа 'Одам да ви припремам место за вас'?

1 Јован 2:2 ни кажува, „...и Тој Самиот е откупителна жртва за нашите гревови; и тоа не само за нашите, туку и за оние на целиот свет.“ Како што е кажано, тоа значи дека секој

ќе може да ги поседува Небесата преку верата, бидејќи Исус го искршил sидот на гревот помеѓу Бога и нас.

Исто така Исус кажал, „Во куќата на Мојот Отец има многу места за живот," и ни кажува дека Тој сака сите да го примиме спасението. Тој не ни кажува дека има многу места за живот во 'Небесата' туку кажува 'Во куќата на Мојот Отец', бидејќи ние можеме да го нарекуваме Бога, 'Ава, Оче' преку делото на скапоцената крв Исусова.

Господ сеуште непрестано посредува за нас. Тој искрено се моли пред престолот на Бога, без храна и вода (Матеј 26:29). Тој се моли за ние да ја извојуваме победата во процесот на човечката култивација тука на земјата, и да ја откриеме славата на Бога, со тоа што ќе направиме нашите души да напредуваат.

Понатаму, кога Судењето на Големиот Бел Престол ќе се случи, откако ќе заврши процесот на човечката култивација, Тој сепак сеуште ќе работи за нас. На судот секој ќе си ја добие својата пресуда, без и најмала грешка, за сите нешта кои што ги имаат направено тука на земјата. Но Господ ќе биде адвокатот во име на Божјите чеда, молејќи за нашите души, „Јас ги измив нивните гревови со Мојата крв," за луѓето да можат да се здобијат со подобри места за живот и награди на Небесата. Бидејќи и Самиот бил на земјата и од прва рака го има доживеано сето она што луѓето го проживуваат тука на земјата, Тој ќе зборува во наше име, делувајќи како наш адвокат. Можеме ли во целост да ја сватиме ваквата Христова љубов?

Бог ни ја покажува Својата љубов за нас низ предавањето на Својот единствен, еднороден Син Исус Христос. Оваа љубов е љубов со којашто Исус не ја поштедил дури и најмалата капка крв од Себе за нас. Тоа е една безусловна и неизменлива љубов со којашто можел да проштева седумдесет пати по седум. Кој може да не оддели од ваквата Негова љубов?

Во Римјаните 8:38-39, апостолот Павле изјавува, „Бидејќи убеден сум дека ниту смртта, ниту ангелите, ниту властите, ниту сегашноста, ниту нештата коишто ќе дојдат, ниту силите, ниту височината, ниту длабочината, ниту било која друга создадена работа, ќе може да не оддели од љубовта на Бога, којашто е во Исуса Христа, нашиот Господ.“

Апостолот Павле ја сватил ваквата љубов на Бога и љубовта на Христа, па затоа се одрекол од својот живот во целост, за да ѝ се потчини на волјата на Бога и да го живее животот на апостол. Понатаму тој не си го штедел ниту сопствениот живот, за да ги евангелизира Незнабошците. Тој ја практикувал љубовта на Бога, кој што повел голем број души кон патот на спасението.

Иако бил наречен ’водач на сектата на Назареецот‘, Павле се посветил себеси и целиот свој живот, кон станувањето проповедник. Тој го ширел во светот целосното Слово Божјо и љубовта на Господа, којашто е подлабока и поширока над секоја можна мерка. Се молам во името на Господа, вие да станете вистинските Божји чеда, кои што го исполнуваат Законот преку љубовта и кои што засекогаш ќе живеат во убавите небески места за живот, во Новиот Ерусалим, споделувајќи ја Божјата љубов и Христовата љубов, засекогаш.

Автор:
Др. Церок Ли

Др. Церок Ли бил роден во Муан, провинцијата Јеоннам, Република Кореја, во 1943-та година. Кога бил во своите дваесетти години од животот, Др. Ли страдал од голем број најразлични неизлечиви болести, во текот на седум години, па ја очекувал смртта, без надеж за опоравување. Но еден пролетен ден од 1974-та година, тој бил поведен на богослужба од страна на неговата сестра, и кога клекнал да му се помоли на Бога, живиот Бог веднаш го излекувал и го спасил од сите негови болести.

Од моментот кога го сретнал живиот Бог низ таквото прекрасно искуство, Др. Ли од сесрце и најискрено го сакал Бога, па во 1978-та година бил повикан да биде слуга Божји. Тој многу ревносно се молел, преку безбројните постовни молитви, така што можел во целост да ја разбере волјата на Бога, целосно исполнувајќи го, сваќајќи го и покорувајќи му се на Словото Божјо. Во 1982, ја основа Манмин Централната Црква во Сеул, Кореја и одтогаш, безбројните дела на Бога, вклучувајќи ги тука и случките на чудесните оздравувања, знаци и чуда, почнале секојдневно да се случуваат во црквата.

Во 1986, Др. Ли бил ракоположен за пастор на Годишното Собрание на Исусовата Сунгиул Црква во Кореја, а четири години подоцна, во 1990, неговите проповеди почнале да се емитуваат во Австралија, Русија и на Филипините. За кратко време голем број на земји биле достигнати преку Радиодифузната Компанија на Далечниот Исток, преку Азија Емитувачката Станица и преку Вашингтонскиот Христијански Радио Систем.

Три години подоцна, во 1993, Централната Манмин Црква била избрана како една од „Светските Врвни 50 Цркви" од страна на Светскиот Христијански Магазин (САД) и го примил Почесниот Докторат на Божественоста од страна на Верскиот Христијански Колеџ, Флорида, САД и во 1996 го примил својот докторат по Свештенство од страна на Богословијата Кингсвеј од Ајова, САД.

Уште од 1993, Др. Ли ја шири светската евангелизација низ многуте прекуморски крстоносни походи во Танзанија, Аргентина, Л.А., Балтимор Сити, Хаваите и Њујорк Сити во САД, во Уганда, Јапонија, Пакистан, Кенија, Филипините, Хондурас, Индија, Русија, Германија, Перу, Демократската Република Конго, Израел и Естонија.

Во 2002 тој бил признаен како „светскиот оживувач" поради своите моќни свештенствувања во текот на различните прекуморски крстоносни походи, од страна на главниот Христијански весник во Кореја. Најспецифичен бил неговиот 'Крстоносен Поход во Њујорк 2006' одржан во Медисон Сквер Гарден, најпознатата сцена на светот. Овој настан бил пренесуван до 220 нации, а на неговиот 'Израелски Обединет Крстоносен Поход 2009', одржан во Интернационалниот Собирен Центар (ICC) во Ерусалим, тој храбро го прогласил Исуса Христа за Месијата и Спасителот.

Неговите проповеди се пренесувани до 176 нации преку сателитска конекција, вклучувајќи ја тука телевизиската станица GCN TV и бил наведен како еден од врвните во 'Врвни 10 Највлијателни Христијански Водачи' во 2009 и 2010, од страна на популарниот Руски Христијански магазин, Во Победата и од страна на новинската агенција Христијански Телеграф, заради неговите моќни ТВ емитувања на неговото свештенствување и заради прекуморските црковно-пасторски свештенствувања.

Од јули, 2013-та, Централната Манмин Црква има конгрегација од повеќе од 120,000 членови. Постојат повеќе од 10,000 ограночни цркви ширум светот, вклучувајќи ги тука 56-те домашни ограночни цркви, и повеќето од 125 мисионерии коишто биле поставени во 23 земји, вклучувајќи ги тука Соединетите Држави, Русија, Германија, Канада, Јапонија, Кина, Франција, Индија, Кенија и голем број други.

До денот на објавувањето на оваа книга, Др. Ли има напишано 87 книги, вклучувајќи ги тука и бестселерите Вкусувањето На Вечниот Живот Пред Смртта, Мојот Живот, Мојата Вера I & II, Пораката На Крстот, Мерката На Верата, Небеса I & II, Пекол, Разбуди се Израеле!, и Силата На Бога. Неговите дела биле преведени на повеќе од 75 јазици.

Неговите Христијански колумни се појавиле во The Hankook Ilbo, The JoongAng Daily, The Chosun Ilbo, The Dong-A Ilbo, The Munhwa Ilbo, The Seoul Shinmun, The Kyunghyang Shinmun, The Korea Economic Daily, The Korea Herald, The Shisa News, и во The Christian Press.

Др. Ли во моментот е водач на многу мисионерски организации и асоцијации. Во неговите позиции се вклучени: Претседавач, Црквата на Обинетата Светост на Исуса Христа (The United Holiness Church of Jesus Christ); Претседател, Светската Манмин Мисија (Manmin World Mission); Постојан Претседател, Асоцијацијата на Светската Христијанска Оживувачка Мисија (The World Christianity Revival Mission Association); Основач & Претседател на Одборот, Глобалната Христијанска Мрежа (Global Christian Network-GCN); Основач & Претседател на Одборот, Мрежата на Светските Христијански Лекари (World Christian Doctors Network-WCDN); и Основач & Претседател на Одборот, Интернационалната Манмин Богословија (Manmin International Seminary-MIS).

Небеса I & II

Детален нацрт на прекрасната животна средина во која живеат жителите на рајот и прекрасни описи на различните нивоа на небесните царства.

Пораката на Крстот

Моќна освестувачка порака за будење на сите луѓе кои што се духовно заспани! Во оваа книга ќе прочитате за причината зошто Исус е единствениот Спасител и за вистинската љубов на Бога.

Пекол

Искрена порака до целото човештво од Бога, Кој што посакува ниту една душа да не падне во длабочините на Пеколот! Ќе откриете никогаш порано −откриено прикажување на суровата реалност на Долниот Ад и Пеколот.

Дух, Душа и Тяло I & II

Преку духовното разбирање за духот, душата и телото, кои што се компонентите на луѓето, читателите ќе можат да погледнат во своето ʼсебеʻ и да се здобијат со увид за самиот живот.

Мерката на Верата

Какво живеалиште, круна и награди се подготвени за вас во Рајот? Оваа книга обилува со мудрост и водство за вас да ја измерите вашата вера и да ја култивирате најдобрата и зрела вера.

Разбудениот Израел

Зошто Бог внимана на Израел од почетокот на светот до денешен ден? Каков вид на Негово Провидение е подготвено за Израел во последните денови, кои што го исчекуваат Месијата?

Мојот Живот, Мојата Вера I & II

Најмирисна духовна арома извлечена од животот кој што цветал со една неспоредлива љубов за Бога, во средина на темните бранови, студеното ропство и најдлабокио очај.

Моќта на Бога

Четиво што мора да се прочита и што служи како основен прирачник со кој што некој може да ја стекне вистинска вера и да ја искуси прекрасната сила на Бога.

Lightning Source UK Ltd.
Milton Keynes UK
UKHW020644170621
385673UK00010B/939